Cultiver son potager avec la lune

mars 2023
février 2024

ARTÉMIS
ÉDITIONS

Crédits photos :
Fotolia.com : p. 4, 33 (Szymanski), p. 5 (Figurnyi), p. 7 (Beckle), p. 9, 10-11, 51 (Patrimonio designs), p. 15 (Goofeephoto), p. 16 (Leiftryn), p. 17 g (Barone), p. 17 d (Calcagno), p. 18 g et d (Lassire), p. 18 m (Szasz-Fabian), p. 19 (Massé), p. 21 (Jkar866), p. 24 (Hayward), p. 48-49 (Neung Stock).
Shutterstock.com : p. 25 (NinaM), p. 26 (Kropotov), p. 27 (EM Arts), p. 28 (Kenishirotie), p. 29 (Oriori), p. 30 (Monticello), p. 32 (Angorius), p. 33 (Foodonwhite), p. 34, 41 (Nito), p. 35 (Narodenko), p. 36 (Nattika), p. 37 (Telesh), p. 38 (Anch), p. 39 (PhotoEd), p. 40 (Picturepartners), p. 43 (Africa Studio), p. 45 (Nattika), p. 46 (Scott), p. 47 (Elovich).
Dessins de **Francis Rossignol.**

Ouvrage collectif réalisé par Losange
avec la collaboration de Alice Delvaille, Isabelle Charleuf-Calmets

ISBN : 978-2-8160-2061-8
Dépôt légal : janvier 2023

Achevé d'imprimer : décembre 2022
Imprimé en Chine par Toppan Leefung

Sommaire

Comprendre les cycles lunaires

L'observation de la lune

On oublie aujourd'hui que, pendant des siècles, les hommes n'avaient ni heure ni calendrier à leur disposition, et qu'ils réglaient leurs activités sur le soleil. Les travaux agricoles étaient décidés en fonction des observations de la faune et de la flore, des vents, du tonnerre : c'est ainsi que de nombreux dictons ont pour objet des prévisions météorologiques, afin d'orienter les pratiques agricoles.

Pensons encore que les premiers calendriers n'ont commencé à se diffuser – dans les milieux favorisés et lettrés – que dans le courant du XVIe siècle. Il a ensuite fallu attendre deux siècles encore pour qu'ils se répandent dans les campagnes. Ces almanachs faisaient la part belle à des prévisions météorologiques et à tout ce qu'il fallait faire ou ne pas faire au fil des mois, en fonction de considérations zodiacales et astrologiques.

Les gens de la terre étant analphabètes, de nombreux conseils ont pris la forme de proverbes et de ritournelles : « En nouvelle lune, tout graine, tout fleurit ; en vieille lune, tout fournit. » On se repérait aussi beaucoup aux fêtes des saints, celles-ci étant précisées chaque dimanche par le curé de la paroisse. Jardiniers et agriculteurs se sont ainsi fondés sur certaines dates fixes pour organiser leurs travaux. Là encore, les dictons faisant référence à des saints sont innombrables. Il y a par exemple les fameux « saints de glace », saint Mamert, saint Pancrace et saint Servais (les 11, 12 et 13 mai), qui indiquent les risques encourus par les cultures pendant cette période, où un ciel bien dégagé peut entraîner des gelées nocturnes. On sait aussi que « s'il pleut à la Saint-Médard (le 8 juin), il pleut quarante jours plus tard », à moins que « la Saint-Barnabé (le 11 juin) ne lui coupe le pied ». Il faut semer la salade de printemps à la Sainte-Agathe (5 février), le persil le jour de mardi gras, les haricots à la Sainte-Croix (3 mai) ou aux rogations. Presque tous les saints sont ainsi convoqués pour donner des indications à venir sur les conditions météorologiques et les récoltes.

Quel rôle joue la lune ?

Le rôle de la lune dans la vie quotidienne et les travaux agricoles est antique. « Quand la lune croît, les coquil-

Les horloges zodiacales ancestrales indiquent notamment quels travaux effectuer en fonction de la position de la lune. Ici l'horloge astronomique de Prague, qui a plus de 600 ans (construite en 1410 par Nicolas de Kadau).

lages grossissent, le sang aussi, même celui de l'homme, augmente et diminue avec sa lumière, jusqu'au feuillage et aux pâturages qui sont sensibles à ses effets », a écrit Pline l'Ancien, au début de notre ère. Pendant toute l'Antiquité, la théorie dominante exposait que les éléments du macrocosme et du microcosme étaient en correspondance, correspondance longuement étudiée par l'astrologie, une science très importante jusqu'au XVIIe siècle, où la théorie de la sympathie universelle a été abandonnée au profit de l'explication du phénomène des marées par Newton.

Aujourd'hui, le rôle de la lune se fonde donc sur son influence gravitationnelle, qui provoque notamment le phénomène des marées. Du fait que les végétaux sont composés d'environ 90 % d'eau et que le sol est, de même, riche en eau, la gravitation lunaire pourrait avoir une influence et provoquer une sorte de « marée biologique ». Remarquons que Pline évoquait déjà l'influence de la lumière lunaire, bien que la lune, astre mort, ne fasse que refléter la lumière du soleil.

Toutefois, lorsque les cultures reposent sur des apports d'engrais réguliers et sur de nombreux traitements préventifs ou curatifs, cette possible influence devient tout à fait négligeable. Mais dans le cas où le jardinier biologique n'enrichit son sol que de compost et réduit au minimum tout traitement, il se tourne vers la lune pour mettre le plus de chances possible de son côté.

La lune en dictons

- *Lune pâle, c'est la pluie.*
- *Lune rouge, du vent.*
- *Quand la lune se fait chaude dans le premier quartier, elle met des champignons plein le panier.*
- *Cornes de la lune en haut, beau temps. Cornes de la lune en bas, mauvais temps.*
- *Cornes pâles, pluie. Cornes nettes, beau temps.*
- *Quand la lune vient dans l'eau, au bout de trois jours il fait beau.*
- *Lune rousse en se levant annonce le vent.*
- *Lune brillante et blanche, plusieurs jours de beau temps.*
- *Lune brouillée, pluie assurée.*
- *L'hiver n'est point passé que la lune n'ait décliné.*
- *Si la lune de Saint-Louis ne fait en beau, sois réjoui.*
- *Lune d'argent fait le temps clair.*
- *Noël sans lune, de deux vaches on en mange une.*
- *Lune nouvelle en beau temps, pluie avant sept jours.*
- *Lune neuve en méchant temps, soleil dans trois jours.*
- *Ne sème pas en croissant, il faucillerait avant toi.*

Deux cycles à observer

La lune a deux cycles principaux. L'un est facilement observable : c'est le cycle des phases de la lune, ou cycle synodique (nouvelle lune, lune croissante, pleine lune, lune décroissante ou « en décours »), que tous les calendriers mentionnent. C'est sur ce cycle que s'appuient les traditions de l'influence de la lune sur les plantes, associée ou non aux signes du zodiaque.

Le second cycle de la lune ne peut être que très partiellement observé : il s'agit de la place de l'astre dans le ciel (plus ou moins haute ou basse sur l'horizon). En prenant un point de repère fixe, par exemple un clocher ou un arbre isolé, et en regardant la place de la lune à la même heure, soir après soir, on peut savoir si elle « monte » ou si elle « descend ». Ce second cycle, dit périodique, fondé sur la trajectoire apparente de la lune dans le ciel, fait aussi appel à des données astronomiques par rapport à la trajectoire du soleil et aux constellations. Il faut donc avoir à disposition un calendrier spécifique, qui donne la position de la lune. Le rôle de ce cycle lunaire sur les plantes a notamment été mis en avant par le mouvement anthroposophique, né dans les années 1920, à partir de l'enseignement du philosophe et pédagogue autrichien Rudolf Steiner.

Beaucoup de jardiniers ne se fient qu'au cycle observable. D'autres, en particulier ceux qui s'inspirent du jardinage biodynamique, suivent les prescriptions données par ces calendriers spécialisés.

Lune et météo

L'observation de la lune sert traditionnellement à prévoir le temps. La lune entourée d'un anneau rougeâtre annonce un vent fort ; si les taches de la lune sont très visibles, cela laisse espérer du beau temps ; la lune prise dans un halo indique de la pluie à venir. De nombreux dictons relient d'ailleurs l'aspect de la lune et les prévisions météorologiques.

On notait aussi le temps qu'il fait pendant la pleine lune ou la nouvelle lune pour prédire la météo à venir. Par exemple, du vent pendant les six jours qui suivent une nouvelle lune ou une pleine lune indique un ciel perturbé jusqu'à la nouvelle phase de la lune. Si, dans les quatre premiers jours, le temps est instable mais se rétablit ensuite, le temps sera beau dans les huit jours à venir. En revanche, si les quatre premiers jours sont beaux puis que le ciel se dégrade après, le temps sera instable dans la semaine qui suit.

Très souvent, la météo durant les « changements de lune », nouvelle lune ou pleine lune est encore régulièrement observée pour prédire le temps à venir sur une période plus ou moins longue, notamment pour les changements de lune aux alentours des équinoxes et des solstices, soit aux changements de saisons. Lune et soleil sont souvent associés, témoignant que, pendant des millénaires, ces deux astres ont réglé la vie quotidienne des hommes.

La lune en couleurs

• **La lune rousse :** *elle commence à la nouvelle lune qui suit Pâques et finit à la nouvelle lune suivante. Pour l'année 2023, elle se situera entre le 20 avril et le 19 mai.*

• **La lune bleue :** *généralement, dans un mois, il n'y a qu'une seule pleine lune, mais exceptionnellement, il peut y en avoir deux. La seconde est alors appelée lune bleue.*

• **La lune noire :** *la lune est qualifiée de noire en trois circonstances :*
- *En l'absence de nouvelle lune dans un mois.*
- *Lorsqu'il y a deux nouvelles lunes dans un mois.*
- *En l'absence de pleine lune dans un mois.*

• **La lune cendrée :** *on qualifie la lune de cendrée quelques jours avant ou après la nouvelle lune, car le croissant lunaire semble flou, comme dans un brouillard.*

La lune rousse

L'expression « lune rousse » qualifie la première lunaison après Pâques – la fête de Pâques étant variable chaque année, cette lune rousse peut intervenir entre le 5 avril et le 6 mai. Elle est dite « rousse » parce qu'elle « roussit » les nouvelles pousses, et non à cause d'une coloration rougeâtre. En fait, quand la lune brille dans un ciel bien dégagé au début du printemps, cela signale une nuit fraîche – le sol n'est pas encore bien réchauffé et les jours pas encore assez longs pour le réchauffer durablement –, et donc des gelées blanches qui endommagent les jeunes plantes. La lune n'est pas en cause, elle n'est qu'un signe.

le cycle visible
lune croissante ou décroissante

Comprendre le cyle synodique

Satellite naturel de la Terre, la Lune n'émet aucune lumière qu'elle produirait elle-même. Nous ne la voyons que grâce à la lumière reflétée par le soleil. Tous les mois, elle tourne autour de la Terre, en accomplissant un cycle de phases lunaires qui vont d'une nouvelle lune à une autre, une période baptisée le mois synodique (du grec *sun*, qui signifie « ensemble, avec », et du grec *hodos*, qui signifie « un chemin »). Vue de la perspective du soleil, une orbite complète dure exactement 29 jours, 12 heures et 44 minutes.

Soir après soir, la lune change d'aspect : c'est sa manifestation la plus évidente. Parfois, elle est fine et légère, d'autres fois, elle est ronde, complètement illuminée par le soleil. Les phases lunaires sont le résultat d'un jeu de positions entre la Terre, la Lune et le Soleil, et du mouvement constant de notre satellite autour de nous.

En effet, la Lune est invisible lorsqu'elle se situe entre le Soleil et la Terre : c'est le moment de la nouvelle lune, on ne perçoit qu'une ombre noire. Si, à l'inverse, elle se trouve du côté opposé au Soleil, elle renvoie alors sa lumière sur l'hémisphère nocturne de la Terre : c'est la pleine lune. Si l'angle entre les trois corps célestes est de 90°, on observe depuis la Terre seulement la moitié du disque lunaire éclairé, soit le premier ou le dernier quart de lune. Dans les phases intermédiaires, on voit un dessin plus ou moins fin de la lune. Parfois, on parle de lune « gibbeuse », ou « bossue », pour désigner une lune éclairée de plus de moitié.

Le cycle lunaire se compte à partir de la phase de la nouvelle lune. Dans les jours qui suivent, elle est dite « croissante » ; au bout de deux semaines, elle est pleine, puis entame sa phase décroissante. On parle alors de lune vieille. On évoque l'âge de la lune pour expliquer ce parcours. Il est possible de remarquer que ce déplacement visible de la Lune, dû à son mouvement

Les phases de la lune

C'est le rayonnement du Soleil qui illumine la face de la Lune visible depuis la Terre.

Suivant l'alignement des trois astres (Soleil-Lune-Terre), la lune est plus ou moins éclairée.

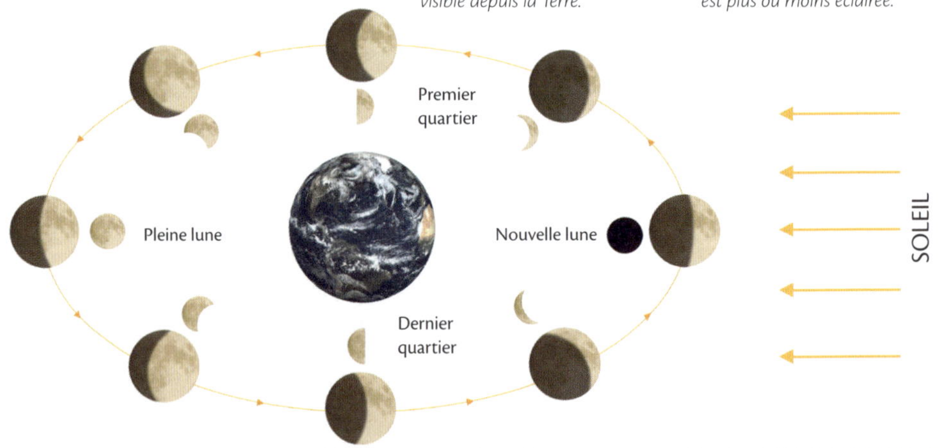

autour de la Terre, se fait en sens inverse des aiguilles d'une montre, soit d'ouest en est. La Lune, observée à la même heure, jour après jour, paraît se déplacer vers l'orient, dans le ciel étoilé qui sert de repère. Elle se lève et se couche avec un décalage en moyenne de 50 minutes chaque jour.

Il n'existe pas de travaux scientifiques qui précisent le rôle du cycle synodique, c'est cependant ce cycle qui sert le plus souvent à orienter les pratiques du jardinier.

Chez les jardiniers biodynamiques, dont les premiers travaux remontent à l'entre-deux-guerres, la nouvelle lune correspond à la germination, le premier quartier au développement, la pleine lune à l'aboutissement, le dernier quartier à la maturité, le dernier croissant à l'introspection.

La lune menteuse

Quand le croissant dessine un « C », la lune décroît. Elle est en phase de croissance quand ce quartier est inversé. Autrement dit, quand le croissant de lune est en « C », elle n'est pas en Croissance, c'est pourquoi on dit qu'elle est « menteuse ». Un simple truc mnémotechnique ! Qui a cependant des sources très anciennes puisque, dans la Rome antique, on évoquait la luna mendax, *lune trompeuse, pour la même raison.*

Lunes néfastes et lunes bénéfiques

La lune de mars, qui débute à la dernière nouvelle lune du mois, est jugée néfaste, car elle s'accompagne de vents froids et secs. La lune rousse d'avril – dernière nouvelle lune de ce mois – est réputée stérile et interrompt les semis de printemps.

En revanche, la lune d'août – dernière nouvelle lune du mois – sourit aux plantations. C'est aussi à ce moment qu'il faut couper les ronces, les épines et les mauvaises herbes, qui repoussent très affaiblies. Une autre tradition conseille de couper les broussailles durant la période de « l'entre-deux-vierges » (entre le 15 août et le 8 septembre), ce qui est sensiblement dans la même période.

On peut penser, dans ces cas de lunes néfastes ou bénéfiques, que c'est moins l'influence proprement dite de la lune qui a été retenue par la tradition que les périodes délicates de l'année qu'elles représentent. À des époques où les calendriers n'étaient pas très répandus, elles étaient un moyen de se repérer. Ces lunes ont ensuite souvent été remplacées par des dates de saints.

Croissante ou décroissante ?

Pour savoir si la lune est en phase croissante ou décroissante, voici le truc bien connu : on accole un trait vertical au quartier de lune que l'on voit ; si cela dessine un « p », on est en présence du « premier » quartier, la lune est donc croissante ; s'il s'agit d'un « d », on voit le « dernier » quartier, la lune est décroissante.

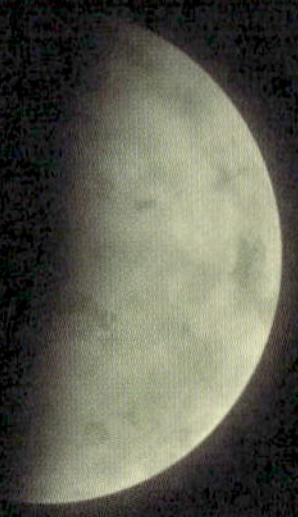

3

Au premier quartier, la Lune a parcouru 1/4 de sa rotation autour de la Terre. Elle est maintenant à 6 heures du Soleil, et se couche vers minuit.

4

Pendant la deuxième semaine du cycle lunaire, la Lune est « gibbeuse montante » alors qu'elle se dévoile pour atteindre bientôt le stade de la pleine lune.

5

Environ 2 semaines après la nouvelle lune, la pleine lune se lève 12 heures après le Soleil. Elle est située à l'opposé exact du Soleil et reste visible toute la nuit.

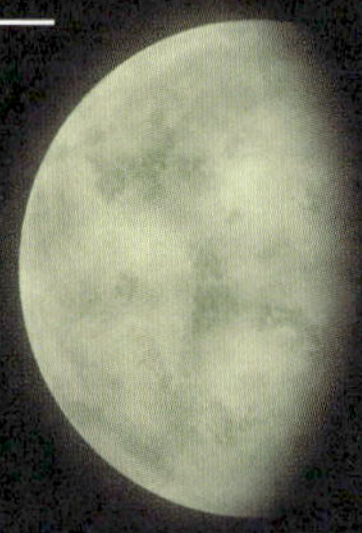

6

La Lune est « gibbeuse descendante » pendant les jours qui suivent la pleine lune. Nous sommes maintenant dans la troisième semaine du cycle lunaire.

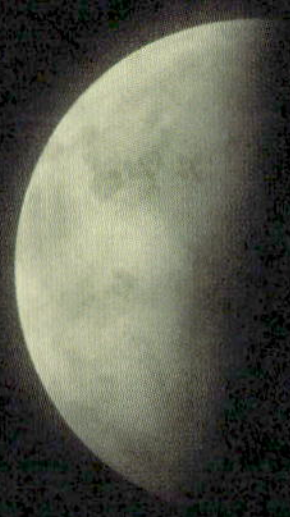

7

Parvenant à la quatrième semaine de son cycle, la Lune est maintenant dans son dernier quartier. Elle se lève dans la seconde moitié de la nuit et est visible dans le ciel du matin.

Les phases lunaires

2

Après la nouvelle lune, le croissant grossit pendant une courte période à une vitesse à peu près équivalente à son propre diamètre par heure. Une semaine plus tard, la Lune est à son premier quartier.

1

La nouvelle lune : lorsque le côté de la Lune qui fait face à la Terre est complètement dans l'ombre et invisible pour nous.

8

La dernière phase, le dernier croissant, est suivie par la nouvelle lune.

Travaux à effectuer suivant la lune

Travaux en lune croissante

Pour déterminer ce qu'il faut faire en lune croissante, on peut se servir comme d'un moyen mnémotechnique que celle-ci fait monter la sève dans les plantes et favorise donc leur croissance.

Au potager	➢ D'une manière générale, cette période est favorable aux semis des plantes dont il faut stimuler la croissance, par exemple pour qu'elles fleurissent et se mettent en graines. ➢ Dans les terres pauvres et sèches, il y a souvent intérêt à semer en lune croissante. ➢ C'est aussi le moment où l'on pince les légumes. ➢ Puisqu'il faut favoriser la reprise, c'est à cette période que l'on repique les légumes fruits (tomates, concombres, cornichons, poivrons, aubergines, piments). ➢ La lune croissante est également favorable aux soins et aux traitements de tous les légumes.
Au verger	➢ C'est la meilleure période pour planter les arbres fruitiers, qui reprendront mieux. ➢ Les arbres fruitiers faibles seront aussi taillés à ce moment, puisque l'on n'a pas de risque d'emballement de la végétation aux dépens de la floraison. ➢ Là encore, c'est le moment des traitements pour les arbres.
Au jardin d'ornement	➢ On sèmera les annuelles à fleurs, on repiquera ou on transplantera les plantes vivaces. ➢ Les arbustes sont taillés en lune croissante : ceux à floraison estivale en automne ou en hiver, ceux à floraison printanière après leur floraison.
Récoltes	➢ Pour un profit optimal des éléments nutritifs des légumes, les légumes racines et à bulbe sont récoltés en lune croissante, de même pour les plantes médicinales et aromatiques.

Travaux en nouvelle lune

La nouvelle lune proprement dite n'est pas favorable au jardinage. Seul le greffage, en particulier le greffage en fente, se pratique traditionnellement autour de la nouvelle lune.

Travaux en lune décroissante

On se rappellera qu'une lune en décours va de pair avec le reflux de la sève dans les racines : c'est donc la période favorable pour les légumes-racines, les tailles et le travail du sol.

Au potager	➢ En semant et en replantant en décours, on tend à éviter la montée à graine. C'est le cas des légumes à bulbe, des légumes formant des pommes comme les salades et les choux, mais aussi des poireaux. C'est aussi à ce moment que l'on sème généralement les haricots et les pois. ➢ C'est lors de la lune décroissante que l'on effectue les travaux de la terre. ➢ Dans les sols riches et humides, les terres fortes, les semis et les plantations se font de préférence en décours de lune.
Au verger	➢ La taille de formation ou d'entretien des fruitiers vigoureux se fait en lune décroissante, pour éviter qu'ils ne fassent du bois plutôt que des fruits. Les tailles en vert d'été se font de préférence en décours. ➢ Les greffes en écusson sont effectuées plutôt en lune décroissante.
Au jardin d'ornement	➢ Les haies sont élaguées en décours pour limiter leur développement, à moins qu'il ne s'agisse de jeunes plants dont il faut favoriser la croissance. ➢ Le gazon est tondu de préférence en lune décroissante.
Récoltes	➢ Si possible, on récolte les fruits, les bulbes et les légumes devant se conserver. Le décours était aussi autrefois le moment privilégié des vendanges et des moissons.

Travaux à la pleine lune

On évite tous semis au moment de la pleine lune. Cependant, les semis effectués deux ou trois jours avant la pleine lune sont réputés avoir une germination optimale. En jardinage biodynamique, on conseille de planter les pommes de terre à la peine lune, de même que semer les pois et les haricots.

Le cycle invisible
lune montante ou descendante

Comprendre le cycle périodique

Le temps que met la Lune pour accomplir un tour complet de l'orbite terrestre peut se définir non seulement par le cycle synodique (calculé par rapport au Soleil), mais également par le cycle sidéral, ou périodique (calculé par rapport aux étoiles). Pendant que la Lune tourne autour de la Terre, celle-ci ne reste pas immobile dans l'espace, mais se déplace à son tour autour du Soleil. Calculée par rapport aux étoiles, que nous considérons comme des points de référence, la période de révolution lunaire dure 27 jours, 7 heures et 43 minutes.

Le temps qui s'écoule entre deux phases lunaires (le cycle synodique, de 29 jours, 12 heures et 44 minutes) est un peu plus long car, à chaque révolution de la Lune autour de la Terre, cette dernière progresse sur son orbite autour du Soleil. Au terme du cycle sidéral, on n'observe donc pas encore la nouvelle lune : il faut attendre deux jours supplémentaires pour que la Terre, la Lune et le Soleil soient de nouveau alignés.

On parle de lune montante, ou ascendante, et descendante parce que sa trajectoire, ou écliptique, monte et descend par rapport à la trajectoire du Soleil.

Il n'est pas tout à fait exact de parler d'un cycle invisible, mais il est difficile à discerner au quotidien et n'est pas mentionné dans les calendriers ordinaires.

LUNES CROISSANTE ET DÉCROISSANTE, LUNES MONTANTE ET DESCENDANTE

Lunes montante et descendante et lunes croissante et décroissante sont deux cycles bien distincts, qui n'ont pas la même durée et ne sont pas coordonnés. La lune peut à la fois monter et décroître et inversement.
Il n'y a pas de lien entre la forme lumineuse de la lune et son mouvement dans le ciel.

Cycle invisible

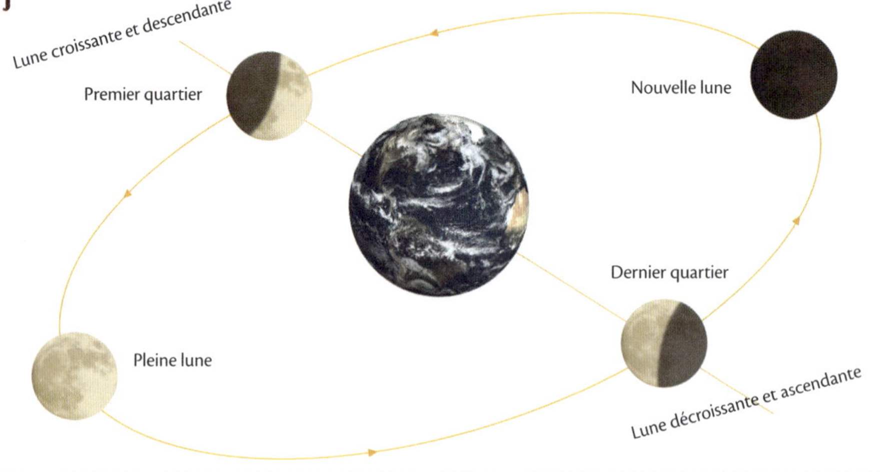

Nœuds lunaires

Les nœuds lunaires sont les périodes pendant lesquelles la Lune coupe le plan de rotation de la Terre (l'écliptique) autour du Soleil. Ce phénomène, qui ne dure que quelques heures, s'observe deux fois par mois.

On parle de nœud lunaire descendant lorsque la Lune descendante coupe le plan de rotation de la Terre autour du Soleil. Lorsque la Lune ascendante coupe une nouvelle fois l'écliptique, on parle de nœud ascendant.

Ces périodes sont réputées perturber la végétation et inhiber la germination. Mieux vaut alors ne pas semer ou travailler au jardin cinq heures avant et après ces « nœuds », qui se produisent à des heures très précises.

Nœuds lunaires

Les passages des nœuds lunaires sont des moments où il faut éviter de jardiner pendant quelques heures. Cela se produit généralement deux fois par mois.

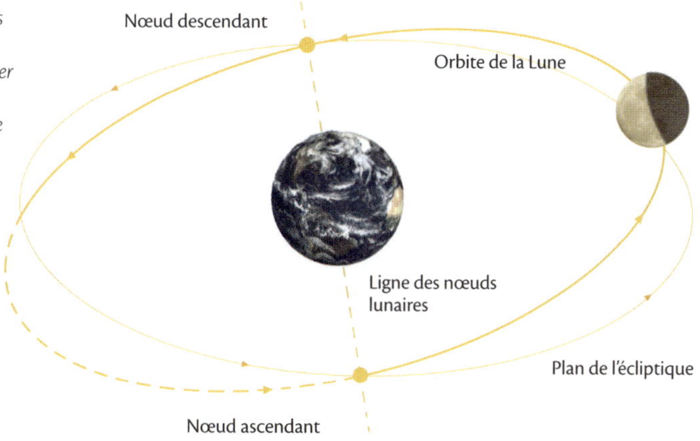

Apogée et périgée

La Lune ne tourne pas autour de la Terre de manière égale mais selon une courbe elliptique. Le moment où elle se trouve le plus éloignée de la Terre se nomme apogée (de *apo*, « lointain », et de *gaïa*, « terre »), le moment où elle en est le plus proche, le périgée (de *péri*, « proche »). À son apogée, la Lune se trouve à 406 500 km de la Terre, et à 356 400 km au plus près. Périgée et apogée sont considérés comme des périodes néfastes pour le jardinage. On conseille souvent de ne rien faire 24 heures avant et après le périgée, et 48 heures avant et après l'apogée.

Les éclipses

Lorsque le Soleil, la Lune et la Terre sont parfaitement alignés dans l'espace et sont proches d'un nœud, survient alors une éclipse. Il en existe de deux types : celles du Soleil ont lieu lorsque la Lune s'interpose entre la Terre et le Soleil. Les éclipses lunaires ont lieu lorsque la Terre se trouve entre le Soleil et la Lune.

Les éclipses de Lune sont également considérées comme néfastes pour le travail au jardin.

Certains calendriers lunaires déconseillent également le travail du jardin au moment des équinoxes.

Apogée et périgée

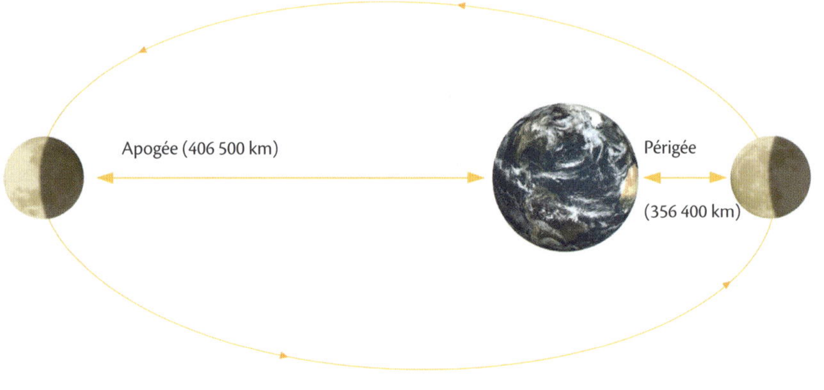

Travaux à effectuer suivant la lune

Travaux en lune montante

La lune montante favorise les parties aériennes des plantes, alors que la lune descendante favorise les racines, selon un principe analogue aux phases de croissance et de décroissance. Cependant, ces deux cycles n'étant pas coordonnés, il est difficile de respecter l'un et l'autre à la fois.

Au potager	➢ Cette période est favorable à tous les légumes dont on récolte les feuilles, qu'il s'agisse de semis, de repiquages, de soins ou de récoltes. ➢ C'est aussi en lune montante que les graines germent le mieux, c'est pourquoi tous les semis sont effectués à cette période.
Au verger	➢ La taille des arbres fruitiers se fait en lune montante, sauf pour les arbres très vigoureux. C'est à cette période que l'on prélève les greffons et que l'on procède à toutes les greffes. ➢ Les traitements sont à donner de préférence dans cette période.
Au jardin d'ornement	➢ Rosiers et arbustes sont taillés en lune montante. La pelouse est aussi tondue à ce moment.
Récoltes	➢ On récolte tous les fruits, les légumes-feuilles et les légumes-fruits (tomates, concombres, etc.).

Travaux à effectuer suivant la lune

Travaux en lune descendante	
On se rappellera qu'une lune en décours va de pair avec le reflux de la sève dans les racines : c'est donc la période favorable pour les légumes racines, les tailles et le travail du sol.	
Au potager	➢ La lune descendante est favorable aux légumes-racines (carottes, navets, radis, betteraves, choux-raves) et aux bulbes (ail, oignon), pour les semis et les repiquages. ➢ C'est également en lune descendante que l'on enfouit les engrais verts. Tous les travaux du sol, l'enfouissement des engrais et les amendements sont effectués de préférence à ce moment, car il est favorable à la vie microbienne. ➢ C'est aussi en lune descendante que l'on prélève les boutures.
Au verger	➢ La période est propice aux plantations et aux transplantations des arbres fruitiers.
Au jardin d'ornement	➢ C'est le moment de récupérer les bulbes de fleurs.
Récoltes	➢ Récolter les légumes-racines et à bulbes, notamment les pommes de terre.

La lune
et le zodiaque

La Lune a aussi un rythme sidéral, défini par le mouvement des étoiles. Dans son parcours, elle passe devant les douze constellations du zodiaque. Les constellations sont des regroupements d'astres formant des figures imaginaires, d'animaux (zodiaque vient du grec *zôon*, « animal ») et de personnages. Elles ont été imaginées par les hommes pour leur servir de repères d'orientation. En réalité, les étoiles formant une figure du zodiaque sont souvent très éloignées les unes des autres, de dizaines d'années de lumière parfois. Les astrologues grecs du Ve siècle av. J.-C. ont fait correspondre ces constellations aux mois de l'année. Mais d'un point de vue strictement astronomique, les constellations étant de dimensions très variables, le transit du Soleil et de la Lune devant ces constellations est de durée très variable (entre quelques jours et un mois et demi), et non égal à un mois.

Selon le calendrier biodynamique de Maria Thun, les influences des astres, relayées et amplifiées quand la Lune passe devant chaque constellation, sont plus importantes que celles de la lune elle-même.

La Lune dans le zodiaque indique sa position dans chacun des douze signes du zodiaque, c'est-à-dire les constellations célestes qui ceinturent la Terre. Chaque signe ou constellation ayant l'énergie d'un des quatre éléments qui la gouverne (Eau, Terre, Air et Feu), elle permet de déterminer quelle action entreprendre au jardin. Ainsi pour chaque jour, en fonction de la position de la lune dans le ciel, montante ou descendante, et du fait qu'elle traverse dans sa révolution de 27 jours (cycle sidéral) les diverses constellations, on se trouve en présence de jours feuilles, de jours fruits, de jours racines ou de jours fleurs.

– **Aux constellations de Terre (Taureau, Vierge et Capricorne)** correspondent les plantes-racines (ail, betterave, carotte, navet, échalote, oignon, radis, pomme de terre…), les fleurs à bulbes et autres légumes poussant dans le sol. La lune prévilégie les racines et

Cadran à Venise indiquant les phases de la lune et le zodiaque.

Éléments et zodiaque

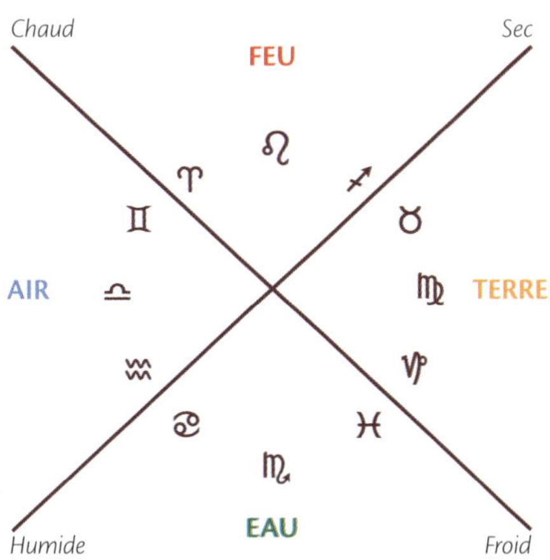

les écorces. Sous son influence, il est conseillé d'effectuer des travaux de préparation du sol, les semis et le binage.

– **Aux constellations d'Air (Gémeaux, Balance et Verseau)** correspondent les plantes-fleurs : les fleurs annuelles et vivaces, les arbres et les arbustes à fleurs, les plantes aromatiques et médicinales dont on récolte les fleurs.

– **Aux constellations d'Eau (Poissons, Cancer et Scorpion)** correspondent les plantes-feuilles (céleri, chicorée, choux, cresson, épinard, laitue, poireau) et les plantes aromatiques et médicinales dont on récolte le feuillage. L'eau est l'origine et la source de la vie, elle purifie et régénère. Cet élément influence particulièrement les parties les plus aqueuses de la plante (tige et feuille, gorgées de sève).

– **Aux constellations de Feu (Bélier, Lion et Sagittaire)** correspondent les plantes-fruits (aubergine, céréales, concombre, courge, fève, fraise, framboise, haricot, melon, piment, pois, citrouille, tomate) et les arbres fruitiers. Symbolisant la régénération, le feu est un élément qui apporte à la plante la chaleur indispensable à la maturité du fruit et de la graine pour la reproduction.

Correspondance Eléments - Constellations - Plantes

Feu Bélier, Lion, Sagittaire	**Légumes-fruits :** tomate, concombre, cornichon, poivron, aubergine, courgette, melon, potiron... Tous les fruits.
Eau Cancer, Scorpion, Poissons	**Légumes-feuilles :** salades, choux, épinard, céleri-branche, fenouil, persil, poirée (bette), tétragone, asperge, poireau...
Terre Taureau, Vierge, Capricorne	**Légumes-racines :** carotte, panais, salsifis, ail, oignon, échalote, betterave, céleri-rave, rutabaga, chou-rave, crosne, endive (mais forçage en période de légumes-fruits), navet, pomme de terre, radis, topinambour...
Air Gémeaux, Balance, Verseau	**Légumes-fleurs :** pois, haricots, fèves, artichaut, brocoli, chou-fleur, maïs doux... Roses, fleurs à bulbes, annuelles et vivaces.

Lune et constellations

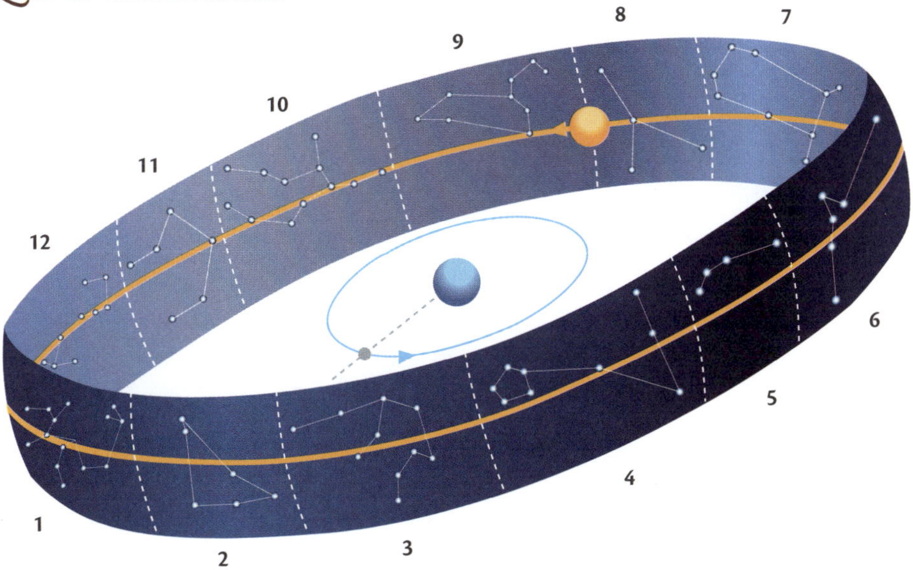

Écliptique
Soleil
Terre
Lune
Orbite lunaire

1 – Sagittaire ♐
2 – Capricorne ♑
3 – Verseau ♒
4 – Poissons ♓
5 – Bélier ♈
6 – Taureau ♉

7 – Gémeaux ♊
8 – Cancer ♋
9 – Lion ♌
10 – Vierge ♍
11 – Balance ♎
12 – Scorpion ♏

Les signes du zodiaque et le jardinage

♈	**Bélier**	Fruit	Récoltez les légumes-racines et les fruits pour l'entreposage. Travaillez le sol, arrachez les mauvaises herbes et détruisez les insectes.
♉	**Taureau**	Racine	La seconde meilleure période pour les plantations et les transplantations. Bon pour les légumes-racines et les pommes de terre, surtout lorsque la rusticité est un facteur important. Est aussi un bon signe pour les légumes-feuilles comme la laitue, les choux et les épinards.
♊	**Gémeaux**	Fleur	Récoltez les légumes-racines et les fruits pour l'entreposage. Travaillez le sol, arrachez les mauvaises herbes et détruisez les ravageurs. Les semis de melons, courges et citrouilles répondent bien sous ce signe.
♋	**Cancer**	Feuille	Le meilleur signe pour toutes les plantations et les transplantations. Aussi bon pour le greffage et l'irrigation.
♌	**Lion**	Fruit	Cultivez, récoltez les légumes-racines et les fruits pour l'entreposage. Une excellente période pour arracher les mauvaises herbes et détruire les ravageurs, surtout dans le dernier quartier.
♍	**Vierge**	Racine	Les fleurs rampantes et grimpantes sont favorisées par ce signe. Travaillez le sol, arrachez les mauvaises herbes et détruisez les ravageurs.
♎	**Balance**	Fleur	Le meilleur signe pour la plantation des fleurs odorantes, des plantes grimpantes, des fines herbes et des plantes aromatiques. Bon pour la plantation des légumes à tiges pulpeuses et des légumes-racines.
♏	**Scorpion**	Feuille	Le meilleur signe pour les plantations arbustives et grimpantes. Les tomates aiment être transplantées sous l'influence de ce signe. Il en est de même pour les semis de maïs et de Cucurbitacées. Le greffage et la taille faits sous ce signe dans le troisième et le quatrième quartier retardent la croissance et amènent une meilleure production fruitière. Également un bon signe pour l'irrigation et les transplantations.

♐	**Sagittaire**	Fruit	Récoltez les légumes-racines et les oignons pour l'entreposage, plantez les arbres et les arbustes fruitiers. Un bon signe pour travailler le sol.
♑	**Capricorne**	Racine	Bon pour la plantation des pommes de terre et autres légumes-racines. Les travaux faits sous son influence encourageront une repousse forte et vigoureuse. Bon pour le greffage, la taille nécessitant une bonne cicatrisation et l'application de fertilisants organiques.
♒	**Verseau**	Fleur	Récoltez les légumes-racines et les fruits d'entreposage. Travaillez le sol, arrachez les mauvaises herbes et détruisez les ravageurs.
♓	**Poissons**	Feuille	C'est une très bonne période pour les plantations et les transplantations, de même que pour la croissance des racines et l'irrigation.

Le potager bio

Ail

(Allium sativum)

Cultivé en Chine il y a 5 000 ans, très apprécié par les Égyptiens, les Grecs et les Romains de l'Antiquité, l'ail a de tous temps été apprécié pour ses attraits culinaires, mais aussi pour ses vertus thérapeutiques ou son aura rituelle : après tout, ne sert-il pas à éloigner les vampires ?

Plantation : **octobre-novembre ou février-mars**
Récolte : **juin-juillet**

Pour une culture réussie

Plantation : l'ail de printemps se plante dès le mois de janvier en fonction des conditions météorologiques et de l'état des sols. Si de bonnes conditions ne sont pas réunies, mieux vaut attendre le mois de mars. L'ail d'automne et d'hiver se plante entre la mi-octobre et la fin décembre dans les régions bénéficiant d'un climat doux.

Sol et exposition : le sol doit être léger, profond et bien drainé et de préférence en exposition bien ensoleillée. D'ailleurs, d'une manière générale, l'ail préfère la douceur ou même la chaleur plutôt que l'humidité.

Entretien : il n'est pas compliqué, l'essentiel étant de garder le sol propre entre les plants.

Récolte : la récolte de l'ail de printemps s'effectue en juillet et août, en arrachant les bulbes à la fourche-bêche dès que les feuilles commencent à jaunir. Il en va différemment pour l'ail d'automne et d'hiver : feuilles et bulbes se savourent en vert au mois de mai, avec un arrachage progressif effectué en fonction des besoins. Les pieds qui restent éventuellement doivent être déterrés à la fourche-bêche quand l'extrémité des feuilles est devenue sèche.

Plantes amies et ennemies

Les meilleures plantes amies de l'ail sont la betterave, la carotte, la laitue, la pomme de terre, la tomate, le fraisier et le pêcher. Par contre, l'ail doit être éloigné du haricot, de la fève et du pois.

Jardinage avec la Lune

La préparation et l'enrichissement du sol, la plantation, l'entretien et la récolte doivent être réalisés en lune descendante, lorsque celle-ci passe devant la constellation de la Vierge.

Ennemis et maladies

L'ail redoute la teigne de l'ail et la rouille.

Les meilleures variétés

* **Il existe surtout deux types d'ail, l'ail blanc et l'ail rose.** *Le premier est le plus rustique ('Blanc de la Drôme'), le second plus hâtif et plus résistant à l'humidité ('Violet de Cadours'). Citons aussi l'ail 'Rose de Lautrec', pour les plantations d'automne ou de printemps.*

Artichaut

(Cynara scolymus)

Introduit dans nos régions au XVe siècle grâce à Catherine de Médicis, l'artichaut ne devient populaire que quatre cents ans plus tard, avec le développement de sa culture en Bretagne.

Plantation : **mars-avril, septembre-octobre**

Récolte : **avril à août**

Pour une culture réussie

Plantation : l'artichaut est planté en mars et avril (dans les régions à climat frais comme la Bretagne), ou en septembre-octobre (dans les régions à climat doux).

Sol et exposition : cette plante vivace aime un sol travaillé en profondeur, enrichi de fumier.

Entretien : l'entretien se résume à quelques opérations simples : griffez et désherbez le sol, arrosez et paillez la surface, coupez les tiges florales et les feuilles abîmées au ras du sol avant les premières gelées, dégagez partiellement les touffes pendant les périodes plus douces (cela évitera l'apparition de pourriture), apportez du compost au printemps.

Récolte : en fonction des régions, la récolte s'effectue entre avril et septembre, avant l'ouverture des écailles centrales. Une consommation immédiate est à privilégier.

Plantes amies et ennemies

Ce légume-fleur apprécie d'être installé à un emplacement occupé précédemment par un légume-racine. Il aime aussi la compagnie des divers choux, des fèves, des haricots, de l'ensemble des laitues, des oignons, des pois et des radis.

Jardinage avec la Lune

La plantation, l'entretien et la multiplication doivent être réalisés en lune descendante, lorsque celle-ci passe devant les constellations de la Balance et des Gémeaux. La récolte doit être effectuée en lune ascendante, lorsque celle-ci passe devant la constellation du Verseau.

Les meilleures variétés

'Gros vert de Laon', résistant au froid ; 'Gros camus de Bretagne', 'Blanc d'Hyères', 'Vert de Provence', 'Violet de Toscane'.

Ennemis et maladies

L'artichaut redoute les limaces et les pucerons, il se montre sensible à la maladie grise ainsi qu'au blanc.

Aubergine

(Solanum melongena)

Bien qu'elle soit depuis longtemps cultivée dans diverses régions d'Afrique et même en Chine, l'aubergine passe aujourd'hui pour être typiquement méditerranéenne. Si tout le monde apprécie sa saveur et si elle est désormais un légume à succès, l'aubergine se mérite : elle demande toute l'attention du jardinier.

Semis : **février-mars**
Plantation : **avril-mai-juin**
Récolte : **juillet à octobre**

Pour une culture réussie

Semis et repiquage : semée sous châssis dès le mois de février (dans le Midi), voire en mars-avril (dans les autres régions, et notamment au nord de la Loire), l'aubergine est repiquée environ un mois plus tard, lorsque les plants arborent une demi-douzaine de feuilles. Ils sont alors installés en godets remplis d'un mélange de terre et de terreau.

Plantation : la plantation s'effectue bien après les dernières gelées : en avril dans le Midi, mais seulement fin mai-début juin dans toutes les autres régions.

Sol et exposition : en sol fertile, riche en humus et frais, de préférence en plein soleil.

Entretien : un arrosage régulier par temps sec est indispensable (au pied, jamais sur les feuilles), de même qu'un paillage du sol en été pour en conserver la fraîcheur. En effet, l'aubergine redoute les sols trop secs. Et comme elle craint aussi les terres trop pauvres, un apport de compost n'est jamais négligeable.

Taille : elle vise uniquement à accélérer la formation des fruits et reste moins indispensable dans le Midi : il suffit de supprimer systématiquement les pousses apparaissant à la base des tiges.

Plantes amies et ennemies

Les meilleures plantes amies de l'aubergine sont le haricot nain, la carotte, le radis (qui apprécie aussi l'ombre fournie par l'aubergine) et la laitue.

Jardinage avec la Lune

La préparation et l'enrichissement des sols, le repiquage, la plantation, l'entretien et la taille doivent être effectués en lune descendante, de préférence en jour-fruit, quand la Lune passe devant la constellation du Lion. Le semis et la récolte doivent être réalisés en lune ascendante, quand la Lune passe devant les constellations du Bélier et du Sagittaire.

Ennemis et maladies

L'aubergine est sensible aux attaques de doryphores, d'araignées rouges, de pucerons et de limaces. Elle redoute aussi l'oïdium et le mildiou.

Les meilleures variétés

* **'De Barbentane' :** *cette variété porte le nom de la première ville où fut cultivée l'aubergine en France. Précoce, elle est aussi très productive.*
* **'Blanche ronde' :** *la taille, la couleur et la forme de ses fruits lui ont valu le surnom de « plantes à œufs ». Voici une variété parfaite pour la culture en pot ou en bac.*
* **'Black Beauty' :** *se distingue par sa forme ronde.*
* **'Baluroi F1' :** *aux fruits allongés, a une couleur presque noire.*
* **'Bonica F1' :** *variété productive et tolérante aux maladies, fournit des aubergines ovoïdes, à la chair ferme.*

Brocoli

(*Brassica oleracea* var. *botrytis*)

Le brocoli nous vient d'Italie, où il est apprécié depuis fort longtemps. En France, son succès est plus modeste et, surtout, beaucoup plus récent. Aujourd'hui, on en trouve de nombreuses variétés aux saveurs plus ou moins marquées.

Semis : **février à août**
Récolte : **juin à novembre**

Pour une culture réussie

Semis et repiquage : le brocoli se sème en pépinière de mars à juillet et est repiqué dans un sol ameubli et enrichi en compost ou en fumier, environ un mois plus tard. Les plants doivent être enterrés jusqu'aux premières feuilles et généreusement arrosés.

Sol et exposition : le brocoli demande une terre enrichie depuis quelques mois et maintenue fraîche, ainsi qu'un climat tempéré et une exposition ensoleillée.

Entretien : l'élimination des mauvaises herbes et le paillage du sol dès qu'il est réchauffé font partie de l'entretien courant.

Récolte : la récolte s'effectue au fur et à mesure des besoins, entre juillet et novembre.

Plantes amies et ennemies

Faisant partie de la famille des Brassicacées, le brocoli est un légume assez facile, qui s'entend bien avec la betterave, le céleri, le concombre, le haricot, le pois, la pomme de terre et la tomate. Il redoute, par contre, la proximité des fraisiers.

Les meilleures variétés

* **Choux brocolis à jets (dits aussi « asperges ») :** *'Genji', F1, précoce, à grains fins ; 'Marathon', F1, grosse pomme suivie de plus petites, semis en toutes saisons ; 'Romanesco', précoce, semis d'avril à début juin ; 'Minaret', semis à partir de début juin ; 'Spigariello', végétation rapide, semis de juillet à octobre ; 'Vert Calabrais' peut être semé directement en place.*
* **Choux brocolis branchus :** *'Blanc hâtif', petites pommes blanches ; 'Red Arrow', très hâtif ; 'White Star', tardif.*

Jardinage avec la Lune

La préparation et l'enrichissement du sol, le repiquage et l'entretien doivent être effectués en lune descendante, lorsque celle-ci passe devant les constellations de la Balance et des Gémeaux. Le semis et la récolte doivent être effectués en lune ascendante, lorsque celle-ci passe devant la constellation du Verseau.

Ennemis et maladies

Le brocoli est relativement sensible et redoute les altises, les limaces, la mouche du chou, la noctuelle du chou et les piérides. Il peut aussi être attaqué par la fonte des semis ou la hernie du chou.

Carotte

(Daucus carota)

La carotte est loin d'être une nouveauté au potager : elle était déjà cultivée en Iran dans le courant du Xe siècle. Il faut encore attendre deux cents ans avant qu'elle n'arrive en Europe, *via* l'Espagne, l'Italie et la France. Initialement, la carotte est plutôt blanche ou jaune ; elle ne deviendra orange qu'à la suite d'innombrables croisements et sélections.

Semis : **avril à juillet**

Récolte : **août à octobre**

Pour une culture réussie

Semis et repiquage : le semis des carottes de printemps s'effectuent en janvier ou février sur couche, dans une caisse ou sous châssis. Après la levée, il ne faut conserver que les plants les plus vigoureux, en les espaçant d'environ 3 à 4 cm. Attention, les carottes germent assez lentement : il ne faut donc pas s'étonner de devoir attendre trois semaines (ou plus) pour voir apparaître la première fane.

Sol et exposition : sol léger, retenant bien l'humidité et bien ameubli. Les terres argileuses ne conviennent pas non plus. Exposition ensoleillée.

Entretien : pour éviter les carottes tordues ou fourchues, il est conseillé de bien ameublir le terre et d'éliminer soigneusement tous les cailloux, mais aussi d'éviter les apports de matières organiques fraîches. Un paillage est encore à recommander dans la mesure où il permet d'éviter la formation de carottes éclatées qui sont généralement la conséquence d'une longue période pluvieuse suivie d'une période de sécheresse.

Récolte : les carottes de printemps s'arrachent environ dix semaines après le semis.

Plantes amies et ennemies

Les meilleures plantes amies de la carotte sont le poireau, l'oignon, l'ail, l'échalote et la ciboulette : ces plantes odorantes font fuir la mouche de la carotte. Autres plantes amies : les choux, les fèves, les épinards, les pois, les radis, les tomates, les céleris et les haricots. Par contre, les carottes doivent éviter le voisinage du fenouil et de l'aneth.

Jardinage avec la Lune

La préparation et l'enrichissement des sols, l'éclaircissage, l'entretien et la récolte doivent être réalisés en lune descendante, quand elle passe devant la constellation de la Vierge. Le semis doit être réalisé en lune ascendante, devant les constellations du Capricorne et du Taureau. La multiplication doit être effectuée en lune ascendante, quand elle passe devant les constellations du Bélier et du Sagittaire.

Les meilleures variétés

∗ Voici des variétés qui se prêtent le mieux à la culture en pleine terre et qui se conservent bien l'hiver. *'Boltex', 'Buror', 'Chantenay à cœur rouge', 'De Carentan', 'De la Halle', 'De Luc', 'De Meaux', 'Nanco', 'Nantaise améliorée', 'De Colmar à cœur rouge', 'Ivor', 'Jaune du Doubs', 'Saint-Valéry'.*

Ennemis et maladies

La mouche de la carotte, les araignées rouges et les limaces sont les pires ennemis de la carotte, qui craint aussi la fonte des semis et l'oïdium.

Chou-fleur

(Brassica oleracea var. *botrytis)*

Originaire de Chine, le chou-fleur est arrivé en Europe *via* le Moyen-Orient. D'abord apprécié en Espagne, il a peu à peu gagné le reste du continent, et notamment la France dès le XVIe siècle.

Semis : **février à juin**
Récolte : **mars à décembre**

Les meilleures variétés

* **Pour les régions de Bretagne et le sud de la Loire :** *'Merveille de toutes saisons', 'Géant d'automne Primus'.*
* **Pour les régions du Midi et du littoral atlantique :** *'Hâtif d'Angers', 'Pavillon', 'Walcheren Winter'.*
* **Pour le Nord et l'Est :** *'Dinnet', 'White Magic'.*

Pour une culture réussie

Semis : on distingue le chou-fleur hâtif, qui se sème en fin d'hiver et au printemps (février-mars) sous châssis pour une récolte de printemps ; celui de moyenne saison, qui peut être semé en pleine terre, en pépinière (mai-juin) pour une récolte en été ; et celui d'hiver, qui est aussi semé en pleine terre (mai-juin) pour une récolte en automne ou en hiver. Dans tous les cas, recouvrez peu les graines. Repiquez les plants quand ils ont 4-5 feuilles, à 80 cm d'écartement. Apportez à ce moment du compost à chaque pied.

Sol et exposition : terre enrichie quelques mois avant la plantation et maintenue fraîche durant la culture. Évitez les sols calcaires ou alcalins (pH supérieur à 7). Exposition ensoleillée.

Entretien : le chou-fleur n'apprécie pas la sécheresse. Arrosez en période estivale. Protégez aussi les variétés d'automne et d'hiver des gelées. Binez et sarclez.

Récolte : cueillez les pommes de chou-fleur quand elles sont encore fermes et déjà bien développées (8 cm de diamètre). N'attendez pas que le bouton floral s'épanouisse, car il est alors impropre à la consommation. Coupez la tige sous le bouton, en conservant quelques feuilles tout autour. La récolte se fait environ 3 mois après la plantation.

Plantes amies et ennemies

S'il n'apprécie pas la présence des fraisiers, le chou-fleur aime la betterave, le céleri (à côtes ou rave), le concombre, le cornichon, l'épinard, le haricot, le panais, le pois, la pomme de terre ou la tomate.

Jardinage avec la Lune

La préparation et l'enrichissement du sol, le repiquage, la plantation et l'entretien doivent être effectués en lune descendante, lorsque celle-ci passe devant les constellations de la Balance et des Gémeaux. Le semis et la récolte doivent être effectués en lune ascendante, lorsque celle-ci passe devant la constellation du Verseau.

Ennemis et maladies

Altises, limaces, mouches du chou, noctuelles et piérides sont les principaux ennemis du chou-fleur qui est aussi sensible à la fonte des semis et à la hernie du chou.

Chou pommé

(*Brassica oleracea*)

On distingue deux sortes de choux pommés : ceux à feuilles lisses (ou choux cabus) et ceux à feuilles cloquées (ou choux de Milan). Les premiers sont connus en France depuis le XIIIe siècle et ont longtemps fait partie de l'alimentation de base des populations.

Semis : **février-mars, mai-juin, août-septembre**

Récolte : **toute l'année selon les variétés**

Pour une culture réussie

Semis et repiquage : les choux pommés sont semés en pépinière ou sous châssis et sur couche selon la saison. Ils sont ensuite repiqués en pépinière 4 semaines après environ. Semez en août-septembre les variétés qui seront récoltées le printemps suivant ; semez en février-mars, sous châssis et sur couche, celles dont la récolte se fera en été et en automne ; enfin, semez en mai-juin les choux d'hiver. Le repiquage en place se fait à 50-60 cm d'écartement.

Sol et exposition : le sol doit être profond et frais, bien drainé. Les choux n'apprécient pas les sols acides. Il faut un climat humide et une exposition ensoleillée.

Entretien : maintenez le sol frais, car un excès de chaleur et une sécheresse prolongée facilitent le développement de parasites et donnent des pommes petites et déformées. Binez et sarclez pour limiter les arrosages. Paillez si besoin.

Récolte : selon les variétés, au printemps, en été ou en hiver. Récoltez avant que la pomme n'éclate : quand les feuilles du dessus commencent à jaunir. Coupez au ras du sol.

Plantes amies et ennemies

S'il faut les tenir à distance des échalotes, des fraisiers, des oignons, des poireaux et des radis, on peut rapprocher ces choux des betteraves, des céleris, des concombres, des cornichons, des haricots, des laitues, des pois, des pommes de terre, des tomates ainsi que de la majorité des herbes et plantes aromatiques. Ces dernières tiennent leurs principaux parasites à distance.

Jardinage avec la Lune

La préparation et l'enrichissement du sol, le repiquage, la plantation et l'entretien doivent être effectués en lune descendante, lorsque celle-ci passe devant les constellations du Cancer et du Scorpion. Le semis et la récolte doivent être effectués en lune ascendante, lorsque celle-ci passe devant la constellation des Poissons.

Ennemis et maladies

Altises, limaces, mouches du chou, noctuelles du chou et piérides sont les principaux ennemis du chou pommé, qui redoute aussi la hernie du chou et la fonte des semis.

Les meilleures variétés

* **Choux cabus :** *pour le printemps, 'Cap Horn', pomme pointue ; 'Express', très précoce ; 'Golden Acre', très précoce, à pomme ronde ; 'Nozomi', très hâtif et d'excellente qualité gustative ; pour l'été et l'automne, 'Cœur de bœuf gros', grosse pomme conique ; 'Nantais hâtif', pomme ronde vert foncé ; 'Tête de pierre', pomme ronde et compacte ; pour l'hiver, 'Lennox', pomme ronde gris-vert ; 'Rookie', chou rouge à belle pomme ronde.*
* **Choux de Milan :** *pour une récolte d'été et d'automne, 'Chirimen', résiste bien au chaud comme au froid ; 'Gros des vertus', pomme ronde ; 'Roi des Milans' ; pour une récolte d'hiver, 'D'hiver de Pontoise', à grosse pomme serrée ; 'Wintessa', très résistant aux gelées.*

Concombre et cornichon

(*Cucumis sativus*)

Cultivés depuis longtemps en Inde, les concombres et les cornichons n'apparaissent en Europe qu'à l'époque de Charlemagne. Mais la culture du concombre ne commence réellement dans nos régions que sous le règne de Louis XIV.

Semis : **mars à juin**

Récolte : **juin à septembre**

Les meilleures variétés

* **Concombres :** *'Aramon', F1, très bonne résistance à l'oïdium, pour les régions chaudes ; 'Rawa', F1, mini-concombre au goût excellent, rustique ; 'Early Set', F1, rustique ; 'Vert long de Chine', aux fruits de 1 m de long.*
* **Cornichons :** *'Belcanto', très productif ; 'Fin de Meaux' ; 'Stimora Mix', F1, fruits non amers, résistant à la mosaïque ; 'Vert petit de Paris' ; 'Amélioré de Bourbonne', fruits jeunes en cornichons et, plus gros, en concombres.*

Pour une culture réussie

Semis et repiquage : certaines variétés de concombres et de cornichons apprécient les semis en pleine terre, mais d'autres préfèrent les semis à chaud. Pour les premières, les semis s'effectuent en place entre avril et juin, le plant le plus vigoureux de chaque poquet étant le seul à être ensuite sélectionné.

Sol et exposition : sol fertile, argilo-siliceux, meuble et bien drainé. En raison de ses origines asiatiques, la plante a besoin de chaleur, mais craint l'excès d'humidité.

Entretien : un sol propre et biné, un épandage superficiel de cendres de bois et des arrosages réguliers sont importants.

Taille : les variétés à concombres doivent être taillées : pour cela, pincez la tige au-dessus de la 2e feuille, puis pincez les deux tiges qui se sont formées au-dessus de la 5e feuille. Ensuite, pincez les tiges une feuille au-dessus des fleurs qui se forment. Ces opérations faciliteront l'apparition des fruits et leur formation.

Récolte : la récolte des concombres s'effectue jusqu'aux premières gelées. Les cornichons se récoltent jeunes, presque quotidiennement.

Plantes amies et ennemies

Appréciant les céleris, les choux pommés, les choux-fleurs, les fèves, les haricots, les laitues, les oignons et les pois, les concombres et les cornichons ne font, par contre, pas bon ménage avec les melons, les pommes de terre et les tomates.

Jardinage avec la Lune

La préparation et l'enrichissement du sol, l'éclaircissage, la plantation, l'entretien et la taille doivent être effectués en lune descendante, lorsque celle-ci passe devant la constellation du Lion. Le semis et la récolte doivent être effectués en lune ascendante, lorsque celle-ci passe devant les constellations du Bélier et du Sagittaire.

Ennemis et maladies

Les araignées rouges, les limaces et les pucerons s'attaquent aux concombres et cornichons, qui redoutent aussi la fonte des semis et l'oïdium.

Courges et courgette

(*Cucurbita pepo*)

Il faut se perdre dans certaines vallées reculées du Mexique pour trouver l'origine des courges et de la courgette : elles y étaient déjà présente il y a plus de 9 500 ans.

Pour une culture réussie

Semis et repiquage : semez en avril, sous abri chauffé ou directement en place dans les régions les plus clémentes. Déposez 3 ou 4 graines : dans le premier cas, par godet de tourbe, dans le second, par poquet. Mettez en place les godets quand la température extérieure le permet (15 °C) et protégez (cloche, tunnel…) au début ; à cette occasion, conservez le plant le plus développé de chaque poquet et supprimez les autres. Respectez un écartement de 1 m pour les variétés non coureuses et de 1,20 à 1,50 m pour les autres. Recouvrez les graines de 2 cm de terreau.

Sol et exposition : le sol doit être léger et bien drainé, profond et riche en humus. Exposition ensoleillée.

Entretien : pendant l'été, maintenez le sol frais par des arrosages, des binages, des sarclages et des paillages (avec du compost autour de chaque pied) en cas de sécheresse.

Taille : les variétés coureuses sont pincées au-dessus de la 2e feuille (quand la plante a déjà quelques feuilles) ; pincez ensuite au-dessus de la 2e feuille après le dernier fruit les tiges secondaires dont la naissance a été provoquée par le premier pincement.

Récolte : récoltez les courges à maturité complète, en octobre ; cueillez les courgettes quand elles sont encore jeunes : elles sont meilleures. On peut les conserver quelques jours après la récolte.

Plantes amies et ennemies

La courgette et les courges apprécient le voisinage du basilic, du haricot à rames, du maïs et du chou pommé. Par contre, il faut éviter de les placer à proximité des pommes de terre et des autres Cucurbitacées.

Jardinage avec la Lune

La préparation et l'enrichissement du sol, l'éclaircissage, la plantation et l'entretien doivent être réalisés en lune descendante, devant la constellation du Lion. Le semis et la récolte doivent être effectués en lune ascendante, devant les constellations du Bélier et du Sagittaire.

Ennemis et maladies

Limaces et pucerons raffolent des courgettes et des courges, qui sont aussi sensibles aux attaques d'oïdium.

Semis : **avril-mai**

Récolte : **juin à octobre**

Les meilleures variétés

* **Courges coureuses :** *'Sweet Dumpling', chair orange sucrée, se conserve 3-4 mois ; 'Delicata', petits fruits allongés à la saveur de châtaigne ; 'Spaghetti végétal', se conserve jusqu'à 6 mois ; 'Winter Luxury', excellente variété de longue garde à la chair orange très parfumée ; 'Melonnette jaspée de Vendée', chair très sucrée, se conserve jusqu'au printemps.*
* **Courgettes :** *'Ambassador', F1, production très précoce ; 'Black Jack', F1, fruits vert sombre à la saveur délicate ; 'De Nice à fruit rond', fruits très tendres, à farcir ; 'Ronice', fruits ronds vert foncé ; 'Seneca Zucchini', F1, productive à fruits vert brillant ; 'Tiger Cross', F1, hâtive et productive.*

Endive

(*Cichorium intybus*)

Ce légume porte toute une série de noms en fonction de sa région de culture. On l'appelle aussi chicorée ou chicon. Ce sont les Flamands qui sont à l'origine de son forçage. L'endive présente la particularité d'être à la fois un légume-racine (quand elle est au jardin et lors de son arrachage) et un légume-feuille (pendant son forçage).

Semis : **mai-juin**
Récolte : **décembre-janvier**

Les meilleures variétés

* **Chicorée sauvage :** *'Amère', dite barbe de capucin ; 'Améliorée Blonde' ; 'Pain de sucre, race Hilmar', 'Jupiter' F1, hybride du précédent.*
* **Chicorées italiennes :** *'Di chioggia a palla blanca' ; 'Triestina da taglio' ; 'Rouge Palla rossa', précoce ; 'Rouge de Trévise' ; 'Rouge de Vérone' ; 'Rossa Italia', feuilles vert foncé, crantées.*
* **Chicorées de Bruxelles (endives) :** *'Bea' ; 'Demi-hâtive de Malines' ; 'Magnum', F1 ; 'Zoom'.*

Pour une culture réussie

Semis et repiquage : les semis s'effectuent en mai-juin, dans des sillons profonds de 30 cm. Les graines doivent être recouvertes de 1 cm de terre et légèrement arrosées. L'éclaircissage s'effectue deux semaines après la levée, quand chaque plant arbore trois ou quatre feuilles. Jusqu'à la germination, des arrosages doivent être réalisés régulièrement par temps sec.

Sol et exposition : les endives apprécient tous les sols de jardin, et se plaisent en situation ensoleillée.

Entretien : binez, paillez si nécessaire. Griffez le sol pour supprimer les mauvaises herbes ou les empêcher de se former.

Récolte : toutes les endives doivent être arrachées à la fourche-bêche avant les premières gelées (en octobre et novembre). De mi-octobre à fin février, les racines peuvent être forcées en fonction des besoins, par vagues successives. La récolte débute lorsque les légumes forcés sont bien développés (il faut compter environ deux mois au jardin et entre un et un mois et demi en cave).

Plantes amies et ennemies

Carottes, concombres, courges, radis, haricots, navets, choux, pois et poireaux sont les meilleurs compagnons de l'endive.

Jardinage avec la Lune

La préparation et l'entretien du sol, l'éclaircissage et l'entretien au jardin doivent être réalisés en lune descendante, devant la constellation de la Vierge. L'entretien lors du forçage doit aussi être effectué en lune descendante, mais quand celle-ci passe devant les constellations du Cancer et du Scorpion. Le semis est à réaliser en lune ascendante, devant les constellations du Capricorne et du Taureau, tandis que la récolte doit être assurée en lune ascendante, devant la constellation des Poissons.

Ennemis et maladies

L'endive est surtout sensible à deux maladies : la pourriture du collet et l'oïdium.

Fraisier

(*Fragaria* sp.)

Le développement de la culture de la fraise en Europe ne date que des XVIIe et XVIIIe siècles. À l'époque, la plante nous arrive d'Amérique du Nord. Aujourd'hui, le fraisier tel que nous le connaissons est assez différent de la plante d'origine, celle-ci ayant subi de nombreuses modifications au cours du temps.

Semis : **mars-avril, août-septembre**

Récolte : **mai à octobre**

Pour une culture réussie

Plantation : plantez les variétés remontantes en mars-avril ; plantez les non remontantes en août-septembre. Espacez les plants de 40 cm. Installez les fraisiers avec leur motte, mais le bourgeon central hors de terre.

Sol et exposition : le fraisier nécessite un sol frais et bien drainé, riche en matières organiques, et une exposition ensoleillée.

Entretien : arrosez au goulot, au pied car le fraisier demande beaucoup d'eau, en particulier durant la formation des fruits. Paillez… mais évitez la paille car l'humidité pourrit les fraisiers et sert d'abri aux parasites. Employez plutôt des paillettes de lin ou des billes d'argile.

Récolte : les variétés remontantes se récoltent dès le mois de mai (sous tunnel) et jusqu'en octobre. Les fraisiers non remontants produisent en juin-juillet. Pour bénéficier au maximum de leur beauté, de leur saveur et de leur parfum, les fraises doivent être cueillies à la main, en début de matinée, puis consommées dans la journée.

Plantes amies et ennemies

Ail, bourrache, échalote, épinard, haricot, laitue, oignon et poireau sont les plantes amies du fraisier, contrairement aux choux pommés, aux choux-raves et aux choux-fleurs.

Jardinage avec la Lune

La préparation et l'enrichissement du sol, la plantation, l'entretien et la multiplication doivent être effectués en lune descendante, lorsque celle-ci passe devant la constellation du Lion. La récolte doit être effectuée en lune ascendante, lorsque celle-ci passe devant les constellations du Bélier et du Sagittaire.

Ennemis et maladies

Assez sensible, le fraisier redoute aussi bien les limaces que la chlorose, la maladie des taches pourpres, l'oïdium et la pourriture grise.

Les meilleures variétés

* **Remontantes :** *'Gento', très gros fruit allongé et très sucré, sensible à l'oïdium ; 'Mara des bois', saveur de fraise des bois, peu sensible aux maladies ; 'Ostara', peu sensible aux maladies ; 'Rabunda', idéale pour les confitures ; 'Reine des vallées', très bonne saveur de fraise des bois.*
* **Non remontantes :** *'Belrubi', très bonne saveur ; 'Sengana', tardive, très bonne saveur, apte aux confitures, peu sensible aux maladies.*

Framboisier

(*Rubus idaeus*)

Cultivé depuis le Moyen Âge, les framboisiers se divisent en deux catégories : les remontants et les non-remontants. Le choix initial de l'une ou l'autre sorte est important : les non-remontants fructifient sur les branches de l'année précédente, tandis que les remontants fructifient sur les mêmes branches deux années de suite.

Plantation : **novembre à février**

Récolte : **juin à octobre**

Pour une culture réussie

Plantation : les jeunes framboisiers se plantent entre novembre et février, à condition qu'il ne gèle pas.

Sol et exposition : un sol acide, léger et riche en humus est idéal, de même qu'une exposition ensoleillée.

Taille : l'année suivant la plantation, il est conseillé de supprimer les premières pousses, ainsi que les rejets les plus faibles. Les cannes ayant fructifié doivent être rabattues la troisième année.

Entretien : le framboisier craint les périodes de sécheresse : il ne faut donc pas négliger les arrosages en été (que ce soit à la plantation ou pour les plantes déjà installées). Le sol peut être paillé afin de conserver une certaine fraîcheur. Les rejets trop éloignés du pied d'origine doivent être supprimés chaque année.

Récolte : la récolte s'échelonne depuis le mois de juin jusqu'aux premières gelées en fonction des variétés. On repère aisément les fruits prêts à être cueillis : ils se détachent très facilement. Une récolte tous les deux à trois jours est idéale.

Jardinage avec la Lune

La plantation, l'entretien, la taille et la multiplication doivent être effectués en lune descendante, en jour-fruit, lorsque celle-ci passe devant la constellation du Lion. La récolte sera idéale en lune ascendante, en jour-fruit, devant les constellations du Bélier et du Sagittaire.

Les meilleures variétés

* **Framboisiers remontants :** *'Augustred', 'September', 'Zeva', 'Llyod George', 'Belle de Malicorne', 'Violette', 'Polka'.*
* **Framboisiers non remontants :** *'Amber', 'Flavi', 'Meecker', 'Schoeneman'.*
* **Framboisiers dorés :** *'Fallgold', 'Golden queen', 'Surprise d'automne'.*
* **Framboisiers sans épine :** *'Victorine', 'Glen lion', 'Glen amble'.*

Ennemis et maladies

Les pucerons et les vers des framboises comptent parmi les principaux ennemis du framboisier, qui peut aussi être atteint de la brûlure des dards et du botrytis. Une plantation de myosotis entre les framboisiers permet d'éviter les attaques du ver des framboises.

Groseillier

(Ribes rubrum, Ribes grassularaia)

On ne connaît pas l'origine précise des groseilliers : peut-être sont-ils originaires d'Afrique du Nord et d'Europe. Ce qui, en revanche, est plus avéré, c'est que le groseillier à grappes est apparu dans nos contrées aux alentours du XVe siècle et que le groseillier à maquereau est apparu une centaine d'années plus tard.

Semis : **novembre à mars**
Récolte : **juillet-août**

Pour une culture réussie

Plantation : le groseillier se plante de novembre à mars. Creusez les trous de plantation plusieurs jours avant la mise en terre, ce qui permet d'aérer le sol.

Sol et exposition : le groseiller demande une terre acide, bien drainée et riche en humus. Comme cette plante redoute chaleur excessive et sécheresse, une exposition en mi-ombre est nécessaire.

Taille : qu'il s'agisse du groseillier à grappes ou de celui à maquereau, la taille doit être effectuée en février, en-dehors de toute période de gel, mais avant le développement de la végétation. On conseille généralement de tailler chaque année, à la base des plantes, un quart des plus gros rameaux situés au centre de la touffe.

Entretien : un arrosage régulier en été est important Toujours en été, un paillage du sol peut être efficace pour conserver la fraîcheur du sol. Un désherbage régulier autour des pieds des groseilliers est aussi essentiel, de même qu'un apport superficiel de compost dans le courant de l'automne.

Récolte : les tiges du groseillier à grappes commencent à porter des fruits dès la deuxième ou troisième année et la production a tendance à diminuer sur les branches âgées de cinq ans ou plus. Les groseilles à grappes sont prêtes à être cueillies entre juillet et août, tandis que les groseilles à maquereau sont récoltées entre la fin juillet et la mi-août.

Les meilleures variétés

* **Groseillier à grappes :** *'Abondance', 'Redpoll', 'Raisin industria', 'Red lake', 'Junifer', Rose de Champagne', 'Blanka', 'Gloire des Sablons'.*
* **Groseillier à maquereau :** *'Germania', 'Greenfind', 'Pixwell', 'Worcester', 'Careless', 'Freedonia', 'Spine free', 'Pax'.*

Jardinage avec la Lune

La plantation, l'entretien, la taille et la multiplication doivent être réalisés en lune descendante, lorsque celle-ci passe devant la constellation du Lion. La récolte doit être effectuée en lune ascendante, en jour-fruit, quand elle passe devant les constellations du Bélier et du Sagittaire.

Ennemis et maladies

Les groseilliers peuvent être victimes d'attaques de pucerons. Ils sont aussi sensibles à la rouille, à l'anthracnose et à l'oïdium.

Haricot

(*Phaseolus vulgaris*)

Déjà cultivé à l'époque précolombienne de l'autre côté de l'Atlantique, le haricot à grains débarque en Europe en même temps que Christophe Colomb de retour de ses longues expéditions. Il faut cependant attendre le courant du xxe siècle pour que la culture du haricot se répande en Europe.

Semis : **mai à août**

Récolte : **juillet à septembre**

Les meilleures variétés

* **Mangetout nains :** *'Amethyst', 'Argus', 'Contender', 'Fruidor', 'Goldimmens', 'Hildora', 'Olympus', 'Oxynel', 'Primel', 'Purple Teepee', 'Romano Wax', 'Saxa'.*
* **Mangetout à rames :** *'À cosse violette sans fil', 'Esmeralda', 'Fortex', 'Or du Rhin'.*
* **À filets nains :** *'Belna', 'Divinel', 'Fin de Bagnols', 'Morgane', 'Triomphe de Farcy'.*
* **À écosser, à rames :** *'Coco blanc Sophie', 'Coco rouge de Prague', 'Espagne Goliath', 'Espagne rouge Butler', 'Soissons blanc', 'Soissons vert' (flageolet vert).*

Pour une culture réussie

Semis et repiquage : on distingue de nombreuses variétés de haricots : haricot vert à filets nain, haricot vert à filets sans fil nain, haricot beurre, mangetout nain, haricot mangetout à rames, haricot à grains nain et haricot à rames. Les semis, directement en place et en ligne, s'effectuent dès que la température dépasse 10 °C.

Sol et exposition : le haricot est peu exigeant, même s'il préfère les sols légers et frais (les terrains trop lourds favorisent le développement des maladies). Il apprécie les climats chauds et une exposition ensoleillée.

Entretien : quand les plants ont une dizaine de centimètres, binez et buttez-les. Profitez-en pour tuteurer les variétés à rames (jusqu'à 3 m). Arrosez abondamment, au goulot, en évitant de mouiller le feuillage, surtout à partir de la floraison et après chaque cueillette.

Récolte : cueillez les mangetout une fois par semaine ; cueillez les haricots à filets (gousses longues et fines) tous les 2-3 jours pour qu'ils ne prennent pas le fil (parchemin). Les pieds des haricots à grains, que l'on consomme secs, sont arrachés entiers pour être conservés au sec, suspendus.

Plantes amies et ennemies

Aubergines, carottes, céleris, choux, concombres, épinards, fraisiers, laitues et pommes de terre font partie des plantes amies du haricot. Au contraire de l'ail, de la betterave, de l'échalote, du fenouil, de l'oignon et des pois que le haricot n'apprécie guère.

Jardinage avec la Lune

La préparation et l'enrichissement du sol, ainsi que l'entretien doivent être effectués en lune descendante, lorsque celle-ci passe devant la constellation du Lion. Le semis, la multiplication et la récolte doivent être effectués en lune ascendante, lorsque celle-ci passe devant les constellations du Bélier et du Sagittaire.

Ennemis et maladies

Pucerons, anthracnose, chlorose, graisse et rouille sont les principaux problèmes auxquels le haricot doit faire face.

Laitue

(Lactuca sativa)

La laitue est appréciée depuis l'Antiquité : les Romains en étaient friands. Aujourd'hui, on distingue plusieurs grandes familles de laitues dont, notamment, les romaines, les pommées ou les laitues à couper.

Pour une culture réussie

Semis et repiquage : *les laitues de printemps* se sèment entre janvier et mars, mais toujours à une température avoisinant 13 à 15 °C (une serre peut être nécessaire dans les régions les plus froides). Couvrez légèrement les graines et tassez. Le repiquage a lieu trois à quatre semaines après le semis, quand les plants présentent trois ou quatre feuilles.

Les laitues d'été et d'automne se sèment d'avril à août, directement en place. Un éclaircissage est nécessaire après deux ou trois semaines, afin de ne conserver que les plus beaux plants, espacés de 30 cm.

La laitue d'hiver se sème en août et septembre, est éclaircie deux à trois semaines plus tard, et est plantée six semaines après le semis.

Sol et exposition : la laitue aime les sols frais et riches en humus, avec une exposition bien ensoleillée.

Entretien : aérez les châssis, protégez éventuellement du froid les jeunes semis de pleine terre, binez, sarclez et arrosez.

Récolte : la laitue de printemps se récolte environ deux mois après le semis. Les laitues d'été et d'automne se récoltent dès la mi-mai (pour les variétés à couper) ou le mois de juin (pour la laitue pommée). La laitue d'hiver se récolte du mois de mars au mois de mai.

Plantes amies et ennemies

L'ail, l'échalote, l'oignon, la betterave, la carotte, le haricot, le navet, le poireau, la blette, le radis, le concombre, le chou, la fève, le pois et l'épinard sont les meilleurs amis de la laitue, de même que le fraisier et le melon. Par contre, elle ne supporte pas le tournesol, le persil et le céleri.

Jardinage avec la Lune

La préparation et l'enrichissement des sols, l'éclaircissage, la plantation et l'entretien doivent être effectués en lune descendante, devant les constellations du Cancer et du Scorpion. Les semis, la récolte et la conservation sont effectués en lune ascendante, devant la constellation des Poissons.

Ennemis et maladies

Limaces, pucerons et taupins sont les vrais ennemis de la laitue, qui peut aussi souffrir de la fonte des semis.

Semis : **janvier à septembre**

Récolte : **mars à octobre**

Les meilleures variétés

* **Batavias :** *'De Pierre-Bénite', 'Dorée de printemps', 'Dorémi', 'Gloire du Dauphiné', 'Reine des glaces'.*
* **Romaines :** *'Chicon des Charentes', 'Riva', 'Verte maraîchère'.*
* **Laitues pommées :** *'Appia', 'Brune d'hiver', 'Diina', 'Gotte jaune d'or', 'Merveille des quatre saisons'.*
* **Grasses :** *'Craquerelle du Midi', 'Sucrine'.*
* **À couper :** *'Lollo Rossa', 'Red Salad Bowl', 'Saint-Vincent'.*

Navet

(*Brassica rapa*)

Il est difficile de trouver un légume qui a une plus longue histoire que le navet : en effet, il était déjà consommé pendant la Préhistoire. Il a longtemps constitué l'une des bases de l'alimentation humaine, jusqu'à l'apparition de la pomme de terre qui, peu à peu, le supplanta dans les préparations culinaires quotidiennes.

Semis : **mars-avril, août-septembre**

Récolte : **mai à juillet, septembre à décembre**

Pour une culture réussie

Semis et repiquage : on distingue les navets de printemps et d'été, et ceux d'automne. Ces derniers se sèment en juillet-août et doivent être éclaircis deux ou trois semaines plus tard.

Sol et exposition : terre légère enrichie de compost bien mûr. Les sols secs et trop calcaires ne conviennent pas. Exposition ensoleillée.

Entretien : aérez la terre, éliminez les mauvaises herbes et arrosez régulièrement le sol pour éviter que les racines deviennent creuses.

Récolte : l'arrachage commence environ trois mois après le semis, de préférence pendant les journées les plus sèches et avant les fortes gelées.

Plantes amies et ennemies

Le navet apprécie les herbes et plantes aromatiques, la carotte, le céleri, l'épinard, le haricot, la laitue, les pois et la tomate. Par contre, il ne supporte pas l'oignon.

Jardinage avec la Lune

La préparation et l'enrichissement du sol, l'éclaircissage, l'entretien et la récolte doivent être effectués en lune descendante, lorsque celle-ci passe devant la constellation de la Vierge. Le semis doit être effectué en lune ascendante, lorsque celle-ci passe devant les constellations du Capricorne et du Taureau.

Les meilleures variétés

* **'À forcer Nantais' :** *chair blanche, forme cylindrique, précoce.*
* **'Blanc globe à collet violet' :** *rustique, chair blanche, forme cylindrique.*
* **'Des Vertus marteau' :** *chair blanche.*
* **'Jaune boule d'or' :** *goût très fin, semis d'automne.*
* **'Marteau' :** *chair tendre et sucrée.*
* **'Stanis' :** *chair ferme de très bonne saveur, semis de printemps.*
* **'Tokyo top' :** *chair blanche, racines bien rondes.*
* **'Weiseler' :** *chair rose, racines demi-longues, résistante au froid.*

Ennemis et maladies

Altises, limaces et mouches du navet sont ses principaux ennemis. Il craint aussi la hernie du chou.

Poireau

(Allium porum)

Personne ne sait d'où vient le poireau. Seule certitude : il était déjà connu des Grecs et des Romains de l'Antiquité. Avantage essentiel : en fonction des variétés, il s'adapte aussi bien à la culture estivale qu'hivernale.

Semis : **février à août**
Récolte : **toute l'année**

Pour une culture réussie

Semis et repiquage : il faut distinguer les poireaux à semer sous abri des poireaux baguettes et des poireaux d'automne-hiver. Ceux-ci peuvent être semés de mars à mai, avec une plantation prévue deux mois plus tard.

Sol et exposition : le sol doit être bien ameubli et fertile. Exposition ensoleillée de préférence.

Entretien : binez, sarclez et arrosez régulièrement (un temps trop sec favorise l'installation du ver du poireau). Buttez sur une dizaine de centimètres de hauteur les variétés qui seront récoltées en automne et en hiver pour blanchir le fût des plantes et les protéger du froid. Vous pouvez aussi installer une épaisse couche de feuilles mortes ou de paille, ou encore de paillettes de lin.

Récolte : la récolte s'effectue toute l'année, en fonction des besoins.

Plantes amies et ennemies

Le poireau s'accorde avec le céleri, la laitue, la tomate et le fraisier. Il affectionne surtout la carotte, ces deux végétaux se protégeant mutuellement. Il n'aime pas les betteraves, les choux, les haricots, les oignons et les pois.

Jardinage avec la Lune

La préparation et l'enrichissement du sol, l'éclaircissage, la plantation, l'entretien et la récolte doivent être effectués en lune descendante, lorsque celle-ci passe devant la constellation de la Vierge. Le semis doit être effectué en lune ascendante, lorsque celle-ci passe devant les constellations du Capricorne et du Taureau. La multiplication doit être effectuée en lune ascendante, lorsque celle-ci passe devant les constellations du Bélier et du Sagittaire.

Ennemis et maladies

Le poireau redoute la mouche de l'oignon, la mouche mineuse, le thrips, la fonte des semis, la teigne du poireau, le mildiou et la rouille.

Les meilleures variétés

* **'Blaugrüner Winter race Vrizo' :** *très résistant au froid, pour une récolte de novembre à avril.*
* **'Carlton', F1 :** *pour récolte d'été et d'automne, à semer directement en place.*
* **'Flipper' :** *variété d'hiver.*
* **'Kristina' :** *résiste bien en terre tout l'hiver.*
* **'Gros jaune du Poitou' :** *très précoce, pour récolte d'automne, ne résiste pas au froid.*

Pois

(Pisum sativum)

Originaire d'Asie ou d'Inde, déjà consommé par les Grecs de l'Antiquité, le pois n'a connu un réel essor qu'au cours du règne de Louis XIV, qui l'appréciait particulièrement.

Semis : **février à juin**
Récolte : **juillet-août**

Pour une culture réussie

Semis et repiquage : il faut distinguer les pois avec semis de fin d'hiver et de printemps, du pois avec semis d'automne. Ce dernier se sème en place entre février et avril (pour le pois rond et mangetout) ou entre mars et juin (pour le pois ridé).

Sol et exposition : terre légère et fraîche. Le pois n'apprécie pas les sols trop humides et calcaires. Situation lumineuse mais pas sèche (le pois n'aime pas les grosses chaleurs).

Entretien : les mauvaises herbes doivent être éliminées régulièrement et un buttage doit être réalisé trois semaines après la levée pour favoriser un l'enracinement. Un bon arrosage par temps sec éventuellement associé à un paillage sont essentiels.

Récolte : récoltez les gousses quand elles sont bien pleines (au moins deux fois par semaine), ou bien quand les grains commencent à se former pour les mangetout. Cueillez au fur et à mesure des besoins, car il est préférable de consommer les pois le plus rapidement possible (si l'on n'en fait pas des conserves ou si l'on ne les congèle pas).

Plantes amies et ennemies

Carotte, céleri, chou, concombre, laitue, navet, pomme de terre, radis et melon sont les meilleurs amis du pois qui, par contre, n'aime guère les tomates, haricots, fèves, échalotes, poireaux, oignons, ail ou persil.

Jardinage avec la Lune

La préparation et l'enrichissement du sol ainsi que l'entretien doivent être effectués en lune descendante, lorsque celle-ci passe devant la constellation du Lion. Le semis, la multiplication et la récolte doivent être effectués en lune ascendante, lorsque celle-ci passe devant les constellations du Bélier et du Sagittaire.

Les meilleures variétés

* **Mangetout :** *'Bamby' (65 cm de haut), précoce et productif ; 'Caroubel' (1,10 m de haut), très productif, sans parchemin ; 'Corne de bélier', 1,50 m de haut, précoce ; 'Normand', de 60 à 90 cm de haut, à ramer.*
* **À écosser à rames :** *'Caractacus', grains ronds, 70 cm de haut, précoce ; 'Express à longue cosse', grains ronds, 90 cm de haut ; 'Roi des conserves', grains ronds, 1,40 m de haut ; 'Serpette Guilloteaux', grains ronds, 1,50 m de haut ; 'Jof', grains ridés, 1 m de haut ; 'Téléphone à rames', grains ridés, 1,50 m de haut, énormes gousses.*
* **Nains à écosser :** *'Douce Provence', grains ronds, précoce, 50 cm de haut ; 'Plein le panier', grains ronds, 70 cm de haut ; 'Bayard', grains ridés, 75 cm de haut, à ramer ; 'Téléphone nain', grains ridés, 50 cm de haut.*

Ennemis et maladies

Toutes variétés confondues, les pois redoutent les limaces, les bruches, l'oïdium et le mildiou.

Poivron et piment

(*Capsicum annuum*)

Les piments font partie des premiers végétaux cultivés par les populations sud-américaines. Arrivés en Europe dans les cales des navires de Christophe Colomb, ils sont désormais considérés comme des « légumes du soleil ». Les piments (dotés d'une saveur plus puissante) et les poivrons (à la saveur plus douce) sont indissociables de la cuisine méditerranéenne.

Pour une culture réussie

Semis et repiquage : les semis s'effectuent en février-mars et le repiquage s'effectue un mois plus tard. Les plants doivent alors être maintenus au chaud (environ 18 °C), dans un sol aéré et arrosé sans excès. La plantation est réalisée en mai-juin (si les températures ne tombent pas sous la barre des 10 °C).

Sol et exposition : le sol doit être riche en humus, frais, meuble et profond. Choisissez une situation ensoleillée et abritée.

Entretien : protégez les jeunes plants (tunnels) tant que la température n'est pas remontée au-dessus de 15 °C. Binez et sarclez, paillez et arrosez au goulot une fois par semaine (davantage s'il fait très sec).

Taille : pincez au-dessus de la première feuille au-dessus du dernier fruit lorsque le pied a formé 8-10 fruits.

Récolte : les piments sont cueillis quand ils sont à maturité (rouge foncé) ; les poivrons avant, quand ils sont encore verts. Coupez les fruits avec un sécateur ou une paire de ciseaux, en conservant une petite longueur de pédoncule sur la plante.

Plantes amies et ennemies

Les poivrons et les piments apprécient le voisinage des végétaux de la même famille (Solanacées) : tomates, aubergines et pommes de terre.

Jardinage avec la Lune

La préparation et l'enrichissement du sol, le repiquage, la plantation, l'entretien et la taille doivent être effectués en lune descendante, lorsque celle-ci passe devant la constellation du Lion. Le semis, la multiplication et la récolte doivent être effectués en lune ascendante, lorsque celle-ci passe devant les constellations du Bélier et du Sagittaire.

Ennemis et maladies

Limaces, pucerons et araignées rouges sont les seuls ennemis des poivrons et piments qui résistent bien aux maladies.

Semis : **février-mars**

Récolte : **juin à octobre**

Les meilleures variétés

* **Piments :** *'Antillais', fruits de 5-6 cm de long ; 'de Cayenne', petits fruits rouges longs et étroits ; 'de Thaïlande', fruits allongés de 3-5 cm de long ; 'Sucette de Provence', fruits longs et rouge vif.*
* **Poivrons :** *'Ariane', F1, fruits orange vif ; 'Doux d'Espagne', gros fruits très doux, pour farcir ; 'Doux long des Landes', fruits minces et droits de couleur vert foncé ; 'Mariner', chair ferme et peau lisse ; 'Pariba', fruits en forme de tomate ; 'Redskin', rouge foncé, se prête à la culture en pot.*

Pomme de terre

(Solanum tuberosum)

Il aura fallu attendre la fin du XVIIIe siècle et un certain Parmentier pour que la pomme de terre puisse enfin afficher ses lettres de noblesse en Europe. Dans d'autres régions du monde, par contre, ce légume-racine est connu, dégusté et apprécié depuis des temps immémoriaux.

Semis : **février-mars, avril-mai**

Récolte : **avril à septembre**

Pour une culture réussie

Plantation : les pommes de terre primeurs se plantent en février et en mars, tandis que celles de conservation doivent attendre avril et mai, en commençant par les plus tardives. Dans tous les cas, il est vivement conseillé d'attendre la fin des dernières gelées pour procéder à toute plantation.

Sol et exposition : la pomme de terre apprécie un sol profond, meuble et riche en humus, ainsi qu'une exposition ensoleillée.

Entretien : un binage quelques jours après la levée est le bienvenu. Dès que les plants ont atteint une quinzaine de centimètres de hauteur, il faut les butter en ramenant la terre autour des tiges de manière à les enterrer. Cette opération a notamment pour but de favoriser un bon enracinement, mais aussi une bonne tenue des tiges.

Récolte : la récolte des pommes de terre primeurs doit être réalisée avant complète maturité, tout juste après la floraison, c'est-à-dire deux à trois mois après la plantation (entre la mi-avril et le mois de juin). De leur côté, les pommes de terre de conservation se récoltent dès que le feuillage est sec, soit quatre à cinq mois après la plantation.

Plantes amies et ennemies

Si les pommes de terre jouent la carte de l'harmonie avec quelques rares autres plantes (les échalotes, les fèves, les pois, les choux et les haricots), elles redoutent par contre la proximité d'un très grand nombre de végétaux : les tomates, les courges, les betteraves, les concombres, les poivrons, les carottes, les oignons, les céleris et les melons.

Jardinage avec la Lune

La préparation et l'enrichissement du sol, la plantation, l'entretien et la récolte s'effectuent en lune descendante, devant la constellation de la Vierge.

Les meilleures variétés

* **'Belle de Fontenay' :** *à chair ferme, précoce, de très bon goût mais sensible aux maladies.*
* **'BF 15' :** *à chair ferme, rustique.*
* **'Bintje' :** *à chair farineuse jaune.*
* **'Bleue d'Auvergne' :** *variété ancienne, violette, ronde à peau lisse.*
* **'Charlotte' :** *à chair ferme de très bonne qualité gustative.*
* **'Franceline' :** *à chair ferme de très bonne qualité gustative.*
* **'Linzer Delikatesse' :** *à chair ferme, très bonne tenue à la cuisson.*
* **'Manon' :** *à chair farineuse de très bonne qualité.*
* **'Ratte' :** *à chair ferme et jaune, très bon goût.*
* **'Roseval' :** *peau rouge, à chair jaune et ferme.*
* **'Vitelotte noire' :** *variété ancienne à la peau et à la chair violacée, farineuse, tardive.*

Ennemis et maladies

Les doryphores sont bien sûr les plus célèbres ennemis de la pomme de terre. Mais les taupins le sont également. Par ailleurs, elle redoute aussi le mildiou et la rouille.

Radis

(*Raphanus sativus*)

Connu depuis fort longtemps, le radis était déjà cultivé il y a plus de 5 000 ans. Les Grecs et les Romains de l'Antiquité le consommaient, tandis que les populations du Moyen Âge l'appréciaient pour ses vertus thérapeutiques.

Semis : **avril à septembre**

Récolte : **mai à novembre**

Pour une culture réussie

Semis : on distingue les radis d'hiver, les radis d'été et d'automne, et les radis de tous les mois. Ces derniers se sèment presque toute l'année, surtout de févier à octobre (sous tunnel ou châssis au cours des mois les plus froids). L'éclaircissage intervient dix à quinze jours plus tard.

Sol et exposition : le radis demande une terre fraîche et un emplacement ensoleillé. Il apprécie les terres humifères (mais pas de fumures récentes). Débarrassez le sol des cailloux qui pourraient déformer les racines.

Entretien : un sol désherbé et aéré est essentiel, de même que des arrosages limitant le goût piquant des racines.

Récolte : la récolte intervient un mois après le semis, au fur et à mesure des besoins et en commençant par les plus belles racines.

Plantes amies et ennemies

Le radis n'apprécie pas la présence des choux, des courges, du concombre, du cerfeuil et du navet, mais accepte le voisinage de la betterave, de la carotte, du céleri, de l'épinard, de la fève, du haricot, de la laitue, du pois et de la tomate.

Jardinage avec la Lune

La préparation et l'enrichissement du sol, l'éclaircissage, l'entretien et la récolte doivent être effectués en lune descendante, lorsque celle-ci passe devant la constellation de la Vierge. Le semis doit être effectué en lune ascendante, lorsque celle-ci passe devant les constellations du Capricorne et du Taureau. La multiplication doit être effectuée en lune ascendante, lorsque celle-ci passe devant les constellations du Bélier et du Sagittaire.

Les meilleures variétés

* **De tous les mois :** *'À forcer rond écarlate' ; 'Comanche', 'De 18 jours', demi-long, rouge et blanc ; 'Flamboyant', demi-long ; 'Rond écarlate'.*
* **D'été et d'automne :** *'Blanche', racine blanche, récolte 30 jours après le semis ; 'Jaune d'or ovale', 6 cm de diamètre, récolte 35 jours après le semis ; 'De 5 semaines rose', doux, rose.*
* **D'hiver :** *'Noir gros long d'hiver de Paris', noir, grosse racine, piquant ; 'Rose de Chine', longue racine de 12 cm, redoute la sécheresse, saveur piquante ; 'Violet de Gournay', grosse racine cylindrique, assez doux.*

Ennemis et maladies

Altises et limaces sont les seuls ennemis du radis.

Rhubarbe

(Rheum rhaponticum)

La rhubarbe est probablement le seul végétal originaire d'Ukraine. La plante fut tout d'abord utilisée à des fins médicinales et thérapeutiques avant de conquérir les cuisines. Cette plante-feuille nécessite une certaine prudence : si ses tiges sont délicieuses en compotes ou en tartes, ses feuilles sont toxiques.

Semis : **mars-avril, septembre-octobre**

Récolte : **mai-juin, septembre-octobre**

Les meilleures variétés

* **'À cardes blanches' :** *aux pétioles rouge vif.*
* **'Valentine' :** *à pétioles rouges, résistante à la sécheresse.*

Pour une culture réussie

Plantation : la plantation doit être réalisée au printemps ou en automne, dans un sol bien ameubli préalablement.

Sol et exposition : le sol doit être profond et frais, non calcaire, riche en matières organiques. La rhubarbe apprécie une exposition ensoleillée et préfère les climats frais. Elle craint les fortes chaleurs.

Entretien : binages et arrosages par temps sec sont toujours utiles, surtout dans l'année qui suit la plantation. Le sol peut aussi être paillé dès que la hauteur des tiges le permet. Un apport annuel de compost autour des souches (au moment où les tiges sortent de terre) est vivement conseillé.

Récolte : la récolte s'effectue environ un an après la plantation. Il n'est jamais bon de cueillir tous les pétioles en même temps. Il est plus prudent de laisser les plus petits en place afin de favoriser l'apparition de nouveaux pétioles.

Plantes amies et ennemies

Si la rhubarbe ne connaît pas véritablement de plantes ennemies, il est toujours préférable de l'éloigner des autres végétaux. En effet, elle peut créer des zones d'ombre qui ne sont pas toujours appréciées par les plantes voisines.

Jardinage avec la Lune

La préparation et l'enrichissement du sol, la plantation, l'entretien et la multiplication doivent être effectués en lune descendante, devant le Cancer et le Scorpion. La récolte est réalisée en lune ascendante, quand celle-ci passe devant la constellation des Poissons.

Ennemis et maladies

La rhubarbe est une plante assez robuste. Tout juste peut-elle parfois être atteinte de rouille.

Tomate

(Lycopersicon esculentum)

La tomate n'a pas toujours arboré cette superbe couleur rouge. Jadis, elle était jaune, ce qui explique le surnom que lui donnaient les Italiens : « pomme d'or ». Si elle est souvent associée aux climats doux, voire chauds, il faut tout de même savoir que, jadis, les Incas la cultivaient en altitude.

Pour une culture réussie

Semis et repiquage : les semis sont généralement effectués en février et en mars, en mini-serre. Le repiquage intervient environ deux semaines après la levée, lorsque les plants présentent deux ou trois belles feuilles. Les tomates s'installent au jardin dès le mois d'avril dans les régions bénéficiant d'un climat doux, ou après les saints de glace (à la mi-mai) dans les autres zones.

Sol et exposition : la tomate demande un sol riche en compost, peu argileux, et une exposition ensoleillée.

Entretien : binages, désherbages et arrosages (uniquement au pied des plants, sans mouiller les feuilles) sont à réaliser en fonction des besoins. Les plants doivent être attachés à un tuteur, notamment au niveau des bouquets de fruits afin de bien les soutenir. Les gourmands seront éliminés à la main, le plus tôt possible (au besoin, agissez plusieurs fois par semaine).

Récolte : la récolte débute vers la mi-juin et dure jusqu'aux premières gelées. Elle s'effectue au fur et à mesure du développement des fruits.

Plantes amies et ennemies

La tomate joue la carte de l'accord parfait avec de nombreuses autres plantes : les choux, l'ail, les carottes, l'oignon et l'échalote, les radis, les épinards, le basilic, les céleris, le persil… mais aussi les œillets d'Inde et les soucis. Par contre, elle apprécie relativement peu la proximité des courges, des betteraves, des pommes de terre et des concombres.

Jardinage avec la Lune

La préparation et l'enrichissement du sol, le repiquage, la plantation, l'entretien et la taille doivent être réalisés en lune descendante, devant la constellation du Lion. Le semis, la multiplication et la récolte sont effectués en lune ascendante, lorsque celle-ci passe devant les constellations du Bélier et du Sagittaire.

Ennemis et maladies

Les pucerons sont ses plus redoutables ennemis. Elle craint aussi le mildiou.

Semis : **février-mars**

Récolte : **juin à octobre**

Les meilleures variétés

* **Hâtives :** *'Cerise rouge', tomates-cerises en grappes ; 'Délice du jardinier', tomates-cerises en grappes ; 'Fandango', F1, fruits ronds plus gros ; 'Marmande', gros fruits rouges parfumés ; 'So Gold', fruits jaune-orangé de taille moyenne, en grappes.*
* **Mi-saison :** *'Big Rainbow', gros fruits tricolores ; 'Green Zebra', fruits verts ronds ; 'New Zealand Pear', fruits roses de taille moyenne ; 'Noire de Crimée', fruits rouge sombre de taille moyenne ; 'Roma', fruits petits et allongés ; 'Saint-Pierre', fruits rouges de taille moyenne ; 'Sweet 100', très petits fruits fermes en grappes.*
* **Tardives :** *'Ananas', gros fruits ovales à la chair orange ; 'Cœur de bœuf', fruits de taille moyenne à chair rouge ; 'Pyros', F1, fruits rouges de taille moyenne.*

Calendrier lunaire
mars 2023 à février 2024

Comprendre et utiliser
les tableaux lunaires hebdomadaires

Nos tableaux sont fondés sur le cycle périodique lunaire (lune montante-descendante) difficile à observer de visu, ainsi que sur l'influence des constellations au moment où la lune passe devant elles. Notons qu'il s'agit des douze constellations « classiques ». Ce qui exclut les autres (Orion, Sextant...), cependant répertoriées par les astronomes.

Les quatre éléments en rapport avec les quatre parties des plantes

Ces constellations zodiacales ont une symbolique comparable à celles des signes du zodiaque astrologique. On distingue les signes de terre (Capricorne, Taureau, Vierge), les signes d'eau (Poissons, Cancer, Scorpion), les signes d'air (Gémeaux, Balance, Verseau) et les signes de feu (Sagittaire, Bélier, Lion). Ces quatre éléments sont mis en relation avec les quatre parties des plantes, racines, feuilles, fleurs et fruits. Lorsque la lune passe devant la constellation du Bélier, par exemple, signe de feu associé à la fructification, les légumes cultivés pour leurs fruits sont favorisés. Cela est signalé dans le tableau sous la dénomination de « jour fruit » à chaque fois que la lune passe devant cette constellation, c'est-à-dire plusieurs fois par mois.

Jour racine

Jour feuille

Jour fruit

Jour fleur

Par ailleurs, l'influence des constellations se combine avec le mouvement apparent de la lune dans le ciel, montant ou descendant. Le mouvement montant favorise les semis, le mouvement descendant est bénéfique aux plantations et aux repiquages. Ainsi, on sèmera les carottes (légume-racine) en lune montante et les jours racine, lorsque la lune passe devant la constellation du Capricorne, du Taureau ou de la Vierge.

Bien sûr, ces mouvements de la lune ne correspondent pas exactement avec notre calendrier en jours, semaines et mois. Il se peut, par exemple, qu'un dimanche commence en jour feuille et se poursuive en jour fruit.

Les horaires sont établis à la minute près. On doit tenir compte de l'éloignement du jardin par rapport au méridien de Greenwich, situé dans le tiers ouest de la France. Le jardinier brestois devrait retrancher 18 min aux mentions horaires des tableaux ci-après, alors que celui de Strasbourg devrait ajouter une demi-heure. Il faut donc relativiser les horaires des semis et des plantations. Bien entendu, nous avons tenu compte des passages à l'heure d'été et à l'heure d'hiver.

Les périodes lunaires néfastes

Il est tenu compte de certaines particularités du mouvement de la lune. À savoir l'apogée, où la lune se trouve la plus éloignée de la Terre, et le périgée, où au contraire elle est la plus proche. Mais aussi des nœuds lunaires, ascendant et descendant. L'existence de ces perturbations ou leur intensité étant assez discutées, nous avons adopté la période de 5 h avant et 5 h après ces épisodes, pendant lesquels il faut éviter le jardinage, délai qui est le plus généralement retenu. D'autres spécialistes peuvent conseiller de ne pas jardiner pendant 12 h, voire 24 h. Nombre de jardiniers qui suivent un calendrier lunaire ne tiennent pas compte de ces périodes néfastes : nous avons placé celles-ci à part dans les tableaux hebdomadaires, avec une indication de plus ou moins 5 h « environ ».

Le rythme croissant-décroissant

Nous avons mentionné le rythme le plus connu de la lune, croissant-décroissant. Toutefois, il faut savoir qu'il est difficile de tenir compte en même temps des deux cycles lunaires ainsi que des passages devant les constellations.

Par exemple : il est parfois conseillé de planter les arbres fruitiers en lune à la fois descendante et croissante. Or une période favorable dans l'un des cycles ne l'est pas forcément dans l'autre. Ce qui peut amener à repousser sans cesse la plantation. Sans doute, on trouvera en janvier ou février de l'année suivante le « créneau » parfait. Le bon sens commande toutefois qu'en octobre ou en novembre, quand le temps n'est généralement pas encore très froid, on se trouve dans une période propice pour planter un arbre qui aura tout le temps de s'installer avant de démarrer au printemps.

Certains vont jusqu'à vouloir concilier les deux phases de la lune avec les marées. Pour continuer notre exemple, il faudrait alors planter un pommier en lune descendante et décroissante, en marée montante, ou alors en lune descendante et décroissante, en marée descendante. Un vrai casse-tête !

Périodes de semis et de plantations

Plusieurs périodes de semis et de plantations sont suggérées : au jardinier de choisir les plus adaptées à son climat, à l'avancement de la végétation, à la météo... Nous n'avons pas mentionné systématiquement les périodes de repiquages correspondant aux semis, ni les périodes de récoltes en fonction des plantations.

D'une manière générale, il faut savoir que l'on doit semer en lune montante, repiquer et planter en lune descendante, si possible dans le jour (fruit, racine, feuille, fleur) correspondant au type de légume.

Pour les récoltes, on fait si possible celles des légumes-feuilles et des fruits (ainsi que les grains) en lune montante. Alors que les légumes-racines sont à récolter en lune descendante.

Le travail du sol se fait en lune descendante, en jours racine si possible.

Lune rousse, saints de glace

Beaucoup de jardiniers tiennent plus ou moins compte de ces périodes traditionnelles, les unes fixes (les fameux saints de glace), les autres mobiles (la période de lune dite « rousse », car elle pourrait roussir les plantules) sont fonction de la date de Pâques, variable d'une année sur l'autre. Nous les avons mentionnées.

De même, nous avons choisi pour chaque semaine un dicton souvent lié à la fête d'un saint : on sait que ces dictons avaient souvent une fonction mnémotechnique pour se rappeler certains travaux.

Enfin, une partie « Ne pas oublier » rappelle ou suggère certains travaux qui n'ont pas de lien avec les phases lunaires : par exemple, protéger le robinet d'eau du jardin avant que de grosses gelées ne l'endommagent !

1 Date

2 Cycles lunaires

- Lune décroissante
- Lune croissante
- Lune montante
- Lune descendante
- Pleine lune
- Dernier quartier (lune décroissante)
- Nouvelle lune
- Premier quartier (lune croissante)

Événements lunaires

- **ND** Nœud descendant
- **NA** Nœud ascendant
- **A** Apogée
- **P** Périgée

3 Horaires de lever et de coucher de la lune

4 Symboles végétaux

- Jour racine
- Jour feuille
- Jour fruit
- Jour fleur

5 Constellations du zodiaque dans lesquelles passe la lune

♈ Bélier ♉ Taureau ♊ Gémeaux ♋ Cancer ♌ Lion ♍ Vierge ♎ Balance ♏ Scorpion ♐ Sagittaire ♑ Capricorne ♒ Verseau ♓ Poissons

Travaux de jardinage à effectuer selon la position de la lune

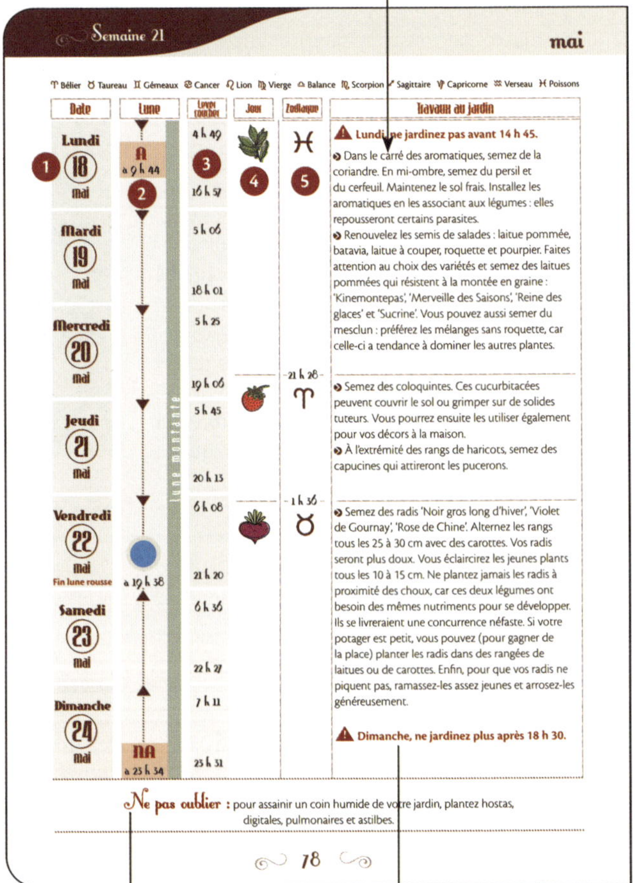
Semaine 21 — mai

♈ Bélier ♉ Taureau ♊ Gémeaux ♋ Cancer ♌ Lion ♍ Vierge ♎ Balance ♏ Scorpion ♐ Sagittaire ♑ Capricorne ♒ Verseau ♓ Poissons

Date	Lune	Lever coucher	Jour	Zodiaque
Lundi 18 mai	A à 9 h 44	4 h 49 / 16 h 57		♓
Mardi 19 mai		5 h 06 / 18 h 01		
Mercredi 20 mai		5 h 25 / 19 h 06		- 21 h 28 - ♈
Jeudi 21 mai		5 h 45 / 20 h 13		
Vendredi 22 mai Fin lune rousse	à 19 h 38	6 h 08 / 21 h 20		- 1 h 36 - ♉
Samedi 23 mai		6 h 36 / 22 h 27		
Dimanche 24 mai	NA à 23 h 34	7 h 11 / 23 h 31		

lune montante

Travaux au jardin

Lundi, ne jardinez pas avant 14 h 45.

- Dans le carré des aromatiques, semez de la coriandre. En mi-ombre, semez du persil et du cerfeuil. Maintenez le sol frais. Installez les aromatiques en les associant aux légumes : elles repousseront certains parasites.
- Renouvelez les semis de salades : laitue pommée, batavia, laitue à couper, roquette et pourpier. Faites attention au choix des variétés et semez des laitues pommées qui résistent à la montée en graine : 'Kinemontepas', 'Merveille des Saisons', 'Reine des glaces' et 'Sucrine'. Vous pouvez aussi semer du mesclun : préférez les mélanges sans roquette, car celle-ci a tendance à dominer les autres plantes.

- Semez des coloquintes. Ces cucurbitacées peuvent couvrir le sol ou grimper sur de solides tuteurs. Vous pourrez ensuite les utiliser également pour vos décors à la maison.
- À l'extrémité des rangs de haricots, semez des capucines qui attireront les pucerons.

- Semez des radis 'Noir gros long d'hiver', 'Violet de Gournay', 'Rose de Chine'. Alternez les rangs tous les 25 à 30 cm avec des carottes. Vos radis seront plus doux. Vous éclaircirez les jeunes plants tous les 10 à 15 cm. Ne plantez jamais les radis à proximité des choux, car ces deux légumes ont besoin des mêmes nutriments pour se développer. Ils se livreraient une concurrence néfaste. Si votre potager est petit, vous pouvez (pour gagner de la place) planter les radis dans des rangées de laitues ou de carottes. Enfin, pour que vos radis ne piquent pas, ramassez-les assez jeunes et arrosez-les généreusement.

Dimanche, ne jardinez plus après 18 h 30.

Ne pas oublier : pour assainir un coin humide de votre jardin, plantez hostas, digitales, pulmonaires et astilbes.

78

Travaux du jardin à ne pas négliger

Période néfaste pour le jardinage

Rappel du mois

Rappel de la semaine

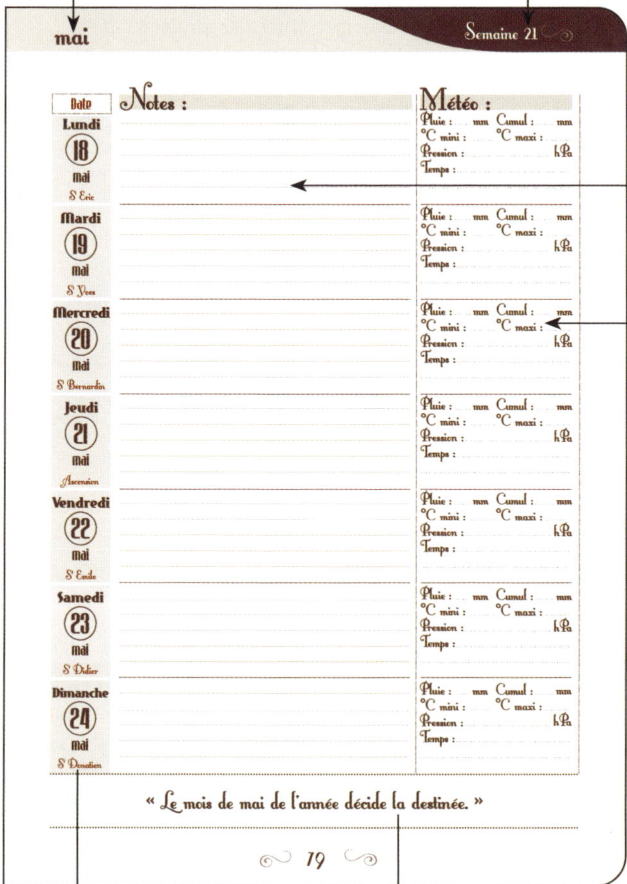
mai

Semaine 21

Date | Notes : | Météo :

Lundi 18 mai S Éric
Pluie : mm Cumul : mm
°C mini : °C maxi :
Pression : hPa
Temps :

Mardi 19 mai S Yves
Pluie : mm Cumul : mm
°C mini : °C maxi :
Pression : hPa
Temps :

Mercredi 20 mai S Bernardin
Pluie : mm Cumul : mm
°C mini : °C maxi :
Pression : hPa
Temps :

Jeudi 21 mai Ascension
Pluie : mm Cumul : mm
°C mini : °C maxi :
Pression : hPa
Temps :

Vendredi 22 mai S Émile
Pluie : mm Cumul : mm
°C mini : °C maxi :
Pression : hPa
Temps :

Samedi 23 mai S Didier
Pluie : mm Cumul : mm
°C mini : °C maxi :
Pression : hPa
Temps :

Dimanche 24 mai S Donatien
Pluie : mm Cumul : mm
°C mini : °C maxi :
Pression : hPa
Temps :

« Le mois de mai de l'année décide la destinée. »

19

Notes personnelles

Carnet météo

- Niveau des précipitations
- Températures minimales et maximales
- Pression
- Temps général (brumeux, ensoleillé, pluvieux…)

Saint à fêter

Le dicton de la semaine

♈ Bélier ♉ Taureau ♊ Gémeaux ♋ Cancer ♌ Lion ♍ Vierge ♎ Balance ♏ Scorpion ♐ Sagittaire ♑ Capricorne ♒ Verseau ♓ Poissons

Date	Lune	Lever coucher	Jour	Zodiaque	Travaux au jardin
Lundi 27 février	à 9 h 05 ; Lune montante	10 h 46 2 h 33		♉	• Multipliez les souches de yuccas, de pieds d'alouette, de rudbeckias, de phlox, de cognassiers du Japon, d'asters… • Semez des radis 'Flamboyant', 'National' ou 'Pernot' en pleine terre en les protégeant si cela s'avère nécessaire. N'installez jamais les radis à proximité des choux car ces deux légumes ont besoin des mêmes nutriments. Si votre potager est petit, plantez les radis dans les rangées de carottes ou de laitues. Les radis poussent plus vite que les carottes qui sont assez lentes à germer. Ils protègent aussi les laitues des insectes nuisibles.
Mardi 28 février	Lune montante	11 h 22 3 h 42			
Mercredi 1er mars	Lune montante jusqu'à 15 h 05, puis Lune descendante	12 h 07 4 h 43		4 h 41 ♊	• En lune montante, taillez les mimosas. Originaire d'Australie et classé comme arbuste décoratif méditerranéen, le mimosa présente notamment deux formidables atouts : la rapidité de sa croissance (de 30 à 60 cm par an) et sa longévité (jusqu'à 40 ou 50 ans). • En terrines, au chaud et sans couvrir les graines, semez les impatiens. • En lune descendante, taillez les arbustes qui fleurissent au cours de l'été et dont la végétation va démarrer.
Jeudi 2 mars	Lune descendante	13 h 02 5 h 34			
Vendredi 3 mars	A à 19 h 00 ; Lune descendante	14 h 05 6 h 13		10 h 53 ♋	**Vendredi, ne jardinez plus après 14 h 00.** • Plantez une haie d'arbustes feuillus. Creusez des trous tous les mètres, enrichissez la terre avec du compost, hydratez les mottes ou pralinez les racines. Mettez ensuite en place, rebouchez le trou de plantation et tassez. Arrosez généreusement s'il n'y a pas de risque de gelée.
Samedi 4 mars	Lune descendante	15 h 13 6 h 44			
Dimanche 5 mars	Lune descendante	16 h 23 7 h 08		2 h 11 ♌	• S'il ne gèle pas, taillez les fruitiers palissés, les cordons et les petites formes libres à trois yeux pour favoriser la fructification. Vous pouvez intervenir sur les poiriers, les pommiers, les abricotiers et les pêchers.

Ne pas oublier : les plantes les mieux adaptées à votre jardin sont toujours les plantes indigènes poussant spontanément dans votre zone.

Date	Notes :	Météo :
Lundi 27 février Ste Honorine		Pluie : ...... mm Cumul : ...... mm °C mini : .... °C maxi : .... Pression : .... hPa Temps : ....
Mardi 28 février St Romain		Pluie : ...... mm Cumul : ...... mm °C mini : .... °C maxi : .... Pression : .... hPa Temps : ....
Mercredi 1er mars St Aubin		Pluie : ...... mm Cumul : ...... mm °C mini : .... °C maxi : .... Pression : .... hPa Temps : ....
Jeudi 2 mars St Charles le Bon		Pluie : ...... mm Cumul : ...... mm °C mini : .... °C maxi : .... Pression : .... hPa Temps : ....
Vendredi 3 mars St Guénolé		Pluie : ...... mm Cumul : ...... mm °C mini : .... °C maxi : .... Pression : .... hPa Temps : ....
Samedi 4 mars St Casimir		Pluie : ...... mm Cumul : ...... mm °C mini : .... °C maxi : .... Pression : .... hPa Temps : ....
Dimanche 5 mars Ste Olive		Pluie : ...... mm Cumul : ...... mm °C mini : .... °C maxi : .... Pression : .... hPa Temps : ....

« Pas de mois de février sans fleurs d'amandier. »

♈ Bélier ♉ Taureau ♊ Gémeaux ♋ Cancer ♌ Lion ♍ Vierge ♎ Balance ♏ Scorpion ♐ Sagittaire ♑ Capricorne ♒ Verseau ♓ Poissons

Date	Lune	Lever coucher	Jour	Zodiaque
Lundi 6 mars	▲ lune descendante	17 h 33 / 7 h 28		♌
Mardi 7 mars	▲ ○ à 13 h 40	18 h 41 / 7 h 44		
Mercredi 8 mars	▼	19 h 51 / 7 h 58		1 h 29 ♍
Jeudi 9 mars	▼	21 h 01 / 8 h 12		
Vendredi 10 mars	▼	22 h 13 / 8 h 26		
Samedi 11 mars	▼ ND à 9 h 53	23 h 28 / 8 h 42		16 h 30 ♎
Dimanche 12 mars	▼	- / 9 h 01		

Travaux au jardin

Lundi 6 – mardi 7 (♌)

- Pour éviter un débourrement trop rapide favorisant le gel des fleurs, enlevez le tapis d'herbe sous les fruitiers. Binez et bêchez en surface afin que le sol soit nu et installez un paillis.
- Arrachez les pousses des framboisiers qui sont en surnombre : laissez-en une douzaine par mètre pour favoriser l'aération et la santé des fruits.
- Pulvérisez de la bouillie bordelaise sur les arbres fruitiers si la température atteint au moins 9 °C en journée.

Mercredi 8 – samedi 11 (♍, à partir de 1 h 29)

- Préparez les massifs à terre de bruyère. La terre de bruyère provient à l'origine de la décomposition des bruyères. Les plantes de bruyère apprécient les sols acides, frais et correctement drainés. Par contre, elles supportent fort mal la présence de calcaire. En règle générale, ces plantes n'aiment pas le soleil direct et, pour la plupart, se plaisent en mi-ombre. Le climat atlantique leur convient tout particulièrement. On retrouve dans cette catégorie le rhododendron, la gaulthérie, le camélia, le magnolia, les hortensias, l'andromède, l'azalée, l'érable du Japon, les bruyères d'été et d'hiver…
- Dans les régions à climat doux, taillez les pêchers en conservant les rameaux porteurs de bourgeons à fleurs et à fruits.
- C'est la dernière limite pour épandre en pleine terre les engrais concentrés à base d'algues.

⚠ **Samedi, ne jardinez pas avant 15 h 00.**

Samedi 11 – dimanche 12 (♎, à partir de 16 h 30)

- Taillez les hortensias et autres hydrangeas en supprimant les tiges qui ont fleuri l'année dernière, juste au-dessus d'un gros bourgeon vert (bourgeon qui produira un rameau à fleurs). Profitez-en pour éliminer le vieux bois ainsi que les rameaux secs (n'ayant pas produit de bourgeons), en particulier au centre des touffes.

Ne pas oublier : contrôlez l'état des tuteurs (le gel a tendance à les déchausser) et la solidité des liens les unissant aux plantes.

Date	Notes :	Météo :
Lundi 6 mars Ste Colette		Pluie : ...... mm Cumul : ...... mm °C mini : .... °C maxi : .... Pression : .... hPa Temps : ....
Mardi 7 mars Ste Félicité		Pluie : ...... mm Cumul : ...... mm °C mini : .... °C maxi : .... Pression : .... hPa Temps : ....
Mercredi 8 mars St Jean de Dieu		Pluie : ...... mm Cumul : ...... mm °C mini : .... °C maxi : .... Pression : .... hPa Temps : ....
Jeudi 9 mars Ste Françoise		Pluie : ...... mm Cumul : ...... mm °C mini : .... °C maxi : .... Pression : .... hPa Temps : ....
Vendredi 10 mars St Vivien		Pluie : ...... mm Cumul : ...... mm °C mini : .... °C maxi : .... Pression : .... hPa Temps : ....
Samedi 11 mars Ste Rosine		Pluie : ...... mm Cumul : ...... mm °C mini : .... °C maxi : .... Pression : .... hPa Temps : ....
Dimanche 12 mars Ste Justine		Pluie : ...... mm Cumul : ...... mm °C mini : .... °C maxi : .... Pression : .... hPa Temps : ....

« Si mars commence en courroux, il finira tout doux. »

♈ Bélier ♉ Taureau ♊ Gémeaux ♋ Cancer ♌ Lion ♍ Vierge ♎ Balance ♏ Scorpion ♐ Sagittaire ♑ Capricorne ♒ Verseau ♓ Poissons

Date	Lune	Lever / coucher	Zodiaque
Lundi 13 mars	lune descendante	0 h 46 / 9 h 26	8 h 06 ♏
Mardi 14 mars	lune descendante	2 h 04 / 9 h 59	
Mercredi 15 mars	◐ à 3 h 08 ; lune descendante jusqu'à 22 h 39, puis lune montante	3 h 20 / 10 h 46	7 h 28 ♐
Jeudi 16 mars	lune montante	4 h 26 / 11 h 49	
Vendredi 17 mars	lune montante	5 h 18 / 13 h 06	13 h 39 ♑
Samedi 18 mars	lune montante	5 h 56 / 14 h 32	
Dimanche 19 mars	P à 16 h 12 ; lune montante	6 h 25 / 16 h 01	9 h 51 ♒

Travaux au jardin

8 h 06 ♏

- Plantez une haie d'arbustes feuillus. Creusez des trous tous les mètres, enrichissez la terre avec du compost, hydratez les mottes ou pralinez les racines. Mettez ensuite en place, rebouchez le trou de plantation et tassez. Arrosez généreusement s'il n'y a pas de risque de gelée.
- Taillez les bordures de buis. Pour une belle taille, utilisez un cordeau disposé à l'endroit de la taille et qui vous servira de guide. Pour que le buis reste vert, taillez à la cisaille la moitié des nouvelles pousses. La plante continuera à s'étoffer tout en restant verte.

7 h 28 ♐

- S'il ne gèle pas, taillez les fruitiers palissés à trois yeux afin de favoriser une bonne fructification. Intervenez sur les pommiers, les poiriers, les pêchers et les abricotiers.
- En lune montante, greffez les arbres fruitiers en fente et en incrustation avec les greffons prélevés entre décembre et février. Veillez à bien positionner les greffons, ligaturez et mastiquez.
- Semez les concombres, les cornichons et les melons au chaud : il leur faut une bonne vingtaine de degrés pour lever régulièrement. Il faudra les repiquer une fois en godets avant de les installer au jardin.

13 h 39 ♑

- Plantez les dahlias en ajoutant de la cendre de bois.
- Semez en pleine terre les premières betteraves, de préférence en poquets de trois graines. Il faudra les éclaircir.
- Semez des navets en pleine terre, dans une terre bien enrichie. Ils seront à éclaircir à 10 cm sur la ligne.
- Semez des radis sous châssis ou en tunnel. Pour qu'ils ne soient pas filiformes, semez des radis demi-longs à un centimètre de profondeur.

9 h 51 ♒

- Plantez des glaïeuls tous les 20 cm, à 10 cm de profondeur. Recommencez tous les mois jusqu'en juillet.

⚠ **Dimanche, ne jardinez plus après 11 h 15.**

Ne pas oublier : si vous possédez une rocaille, c'est le moment de la désherber.

Date	Notes :	Météo :
Lundi 13 mars St Rodrique		Pluie : ...... mm Cumul : ...... mm °C mini : .... °C maxi : .... Pression : .... hPa Temps : ....
Mardi 14 mars Ste Mathilde		Pluie : ...... mm Cumul : ...... mm °C mini : .... °C maxi : .... Pression : .... hPa Temps : ....
Mercredi 15 mars Ste Louise		Pluie : ...... mm Cumul : ...... mm °C mini : .... °C maxi : .... Pression : .... hPa Temps : ....
Jeudi 16 mars Ste Bénédicte		Pluie : ...... mm Cumul : ...... mm °C mini : .... °C maxi : .... Pression : .... hPa Temps : ....
Vendredi 17 mars St Patrice		Pluie : ...... mm Cumul : ...... mm °C mini : .... °C maxi : .... Pression : .... hPa Temps : ....
Samedi 18 mars St Cyrille		Pluie : ...... mm Cumul : ...... mm °C mini : .... °C maxi : .... Pression : .... hPa Temps : ....
Dimanche 19 mars St Joseph		Pluie : ...... mm Cumul : ...... mm °C mini : .... °C maxi : .... Pression : .... hPa Temps : ....

« En mars quand il fait beau, prends ton manteau. »

♈ Bélier ♉ Taureau ♊ Gémeaux ♋ Cancer ♌ Lion ♍ Vierge ♎ Balance ♏ Scorpion ♐ Sagittaire ♑ Capricorne ♒ Verseau ♓ Poissons

Date	Lune	Lever coucher	Zodiaque
Lundi 20 mars Équinoxe	Lune montante	6 h 47 – 17 h 28	♒
Mardi 21 mars	à 18 h 23	7 h 06 – 18 h 52	13 h 43 ♓
Mercredi 22 mars		7 h 23 – 20 h 14	
Jeudi 23 mars		7 h 39 – 21 h 36	17 h 53 ♈
Vendredi 24 mars	NA à 3 h 07	7 h 57 – 22 h 55	
Samedi 25 mars		8 h 18 – -	17 h 16 ♉
Dimanche 26 mars		8 h 44 – 1 h 13	

Travaux au jardin

♒

- Semez des annuelles rustiques telles que les immortelles, les pieds d'alouette, les nigelles… pour garnir vos plates-bandes de fleurs à peu de frais. Vous pouvez aussi semer des mélanges du commerce. Ratissez en essayant de ne pas regrouper les graines.

13 h 43 ♓

- Semez la pelouse en croisant vos passages dans une terre bien préparée et ratissée. Plombez le semis au rouleau. Arrosez jusqu'à la levée. Pour les pelouses dégradées, il existe des mélanges « spécial regarnissage » qui donnent de très bons résultats bien qu'étant un peu plus onéreux.
- Il est temps de passer aux traitements fongiques : le soir, pulvérisez du purin d'ortie sur les feuilles de vos légumes, de vos arbres et de vos fleurs.
- Attention aux gelées tardives : le soir protégez vos semis et vos fleurs les plus fragiles à l'aide de papier journal.

17 h 53 ♈

⚠ Vendredi, ne jardinez pas avant 8 h 15.

- Greffez les arbres fruitiers en fente et en incrustation avec les greffons prélevés entre décembre et février. Veillez à bien positionner les greffons, ligaturez et mastiquez.
- Semez les melons, les cornichons et les concombres au chaud. Pour lever régulièrement, ils ont besoin d'une vingtaine de degrés. Il faudra les repiquer en godets avant de les installer au jardin.

17 h 16 ♉

- Enfouissez les engrais verts et notamment le trèfle incarnat pour enrichir et améliorer le sol.
- C'est le moment de semer les panais. La levée est parfois un peu capricieuse, la faculté germinative n'est que d'un an. Il faudra éclaircir à 15 cm lorsque les plantules arboreront trois feuilles.

Ne pas oublier : préparez du compost avec les vieux paillis, les tas de feuilles mortes et les vieilles fanes de légumes.

Date	Notes :	Météo :
Lundi 20 mars Printemps		Pluie : ...... mm Cumul : ...... mm °C mini : .... °C maxi : .... Pression : .... hPa Temps : ....
Mardi 21 mars Ste Clémence		Pluie : ...... mm Cumul : ...... mm °C mini : .... °C maxi : .... Pression : .... hPa Temps : ....
Mercredi 22 mars Ste Léa		Pluie : ...... mm Cumul : ...... mm °C mini : .... °C maxi : .... Pression : .... hPa Temps : ....
Jeudi 23 mars St Victorien		Pluie : ...... mm Cumul : ...... mm °C mini : .... °C maxi : .... Pression : .... hPa Temps : ....
Vendredi 24 mars Ste Cath. de Suè.		Pluie : ...... mm Cumul : ...... mm °C mini : .... °C maxi : .... Pression : .... hPa Temps : ....
Samedi 25 mars Annonciation		Pluie : ...... mm Cumul : ...... mm °C mini : .... °C maxi : .... Pression : .... hPa Temps : ....
Dimanche 26 mars Ste Larissa		Pluie : ...... mm Cumul : ...... mm °C mini : .... °C maxi : .... Pression : .... hPa Temps : ....

« Brouillard en mars, gelée en mai. »

♈ Bélier ♉ Taureau ♊ Gémeaux ♋ Cancer ♌ Lion ♍ Vierge ♎ Balance ♏ Scorpion ♐ Sagittaire ♑ Capricorne ♒ Verseau ♓ Poissons

Date	Lune	Lever coucher	Jour	Zodiaque	Travaux au jardin
Lundi 27 mars	lune montante	10 h 17 / 2 h 27		♉	Au chaud, en caissettes, semez le céleri-rave 'Névé' dans un mélange léger. En pépinière, semez des poireaux 'Malabare', 'Jaune Gros du Poitou', 'Gros Long d'Été'. Il faudra éclaircir les jeunes plants tous les 5 cm. En place, en rangs espacés d'environ 30 cm, semez des carottes 'de Colmar', 'de Meaux' ou 'Nantaise Améliorée'.
Mardi 28 mars	lune montante, 23 h 26	10 h 59 / 3 h 33		13 h 22 ♊	En lune descendante, plantez les anémones de Caen et les renoncules. Bouturez les jeunes pousses des fuchsias, pélargoniums et chrysanthèmes. Commencez les semis : la germination sera accélérée avec un excellent enracinement et sans excès de feuilles. Repiquez au chaud les bégonias. Éclaircissez les impatiens semées en février. C'est une excellente plante pour les jardins ombragés. L'impatiens arbore des fleurs multicolores (rouges, roses, saumon, orange, lavande ou blanches) qui s'ouvrent tout au long de l'été.
Mercredi 29 mars	lune descendante; à 4 h 32	11 h 51 / 4 h 29			
Jeudi 30 mars	lune descendante	12 h 52 / 5 h 13		19 h 05 ♋	**Vendredi, ne jardinez pas entre 8 h 15 et 18 h 20.** Plantez une haie d'arbustes feuillus. Creusez des trous tous les mètres, enrichissez la terre avec du compost, hydratez les mottes ou pralinez les racines. Mettez ensuite en place, rebouchez les trous de plantation et tassez. Arrosez généreusement, sauf s'il existe des risques de gelée. Taillez les éléagnus et les cotonéasters. Plantez les arbustes persistants en conteneurs.
Vendredi 31 mars	lune descendante; A à 13 h 17	13 h 59 / 5 h 47			
Samedi 1er avril	lune descendante	15 h 08 / 6 h 13		10 h 23 ♌	Prélevez les drageons des lilas et des rosiers. Le drageon est une pousse qui se développe au départ d'un bourgeon placé sur une racine, à une distance plus ou moins éloignée du pied mère, qui devient autonome et se comporte comme le végétal d'origine.
Dimanche 2 avril	lune descendante	16 h 18 / 6 h 33			

Ne pas oublier : tuteurez solidement vos nouveaux arbres fruitiers.

Date	Notes :	Météo :
Lundi 27 mars St Habib		Pluie : ...... mm Cumul : ...... mm °C mini : .... °C maxi : .... Pression : .... hPa Temps : ....
Mardi 28 mars St Gontran		Pluie : ...... mm Cumul : ...... mm °C mini : .... °C maxi : .... Pression : .... hPa Temps : ....
Mercredi 29 mars Ste Gwladys		Pluie : ...... mm Cumul : ...... mm °C mini : .... °C maxi : .... Pression : .... hPa Temps : ....
Jeudi 30 mars St Amédée		Pluie : ...... mm Cumul : ...... mm °C mini : .... °C maxi : .... Pression : .... hPa Temps : ....
Vendredi 31 mars St Benjamin		Pluie : ...... mm Cumul : ...... mm °C mini : .... °C maxi : .... Pression : .... hPa Temps : ....
Samedi 1er avril St Hugues		Pluie : ...... mm Cumul : ...... mm °C mini : .... °C maxi : .... Pression : .... hPa Temps : ....
Dimanche 2 avril Rameaux		Pluie : ...... mm Cumul : ...... mm °C mini : .... °C maxi : .... Pression : .... hPa Temps : ....

« En mars autant de gelée, en avril autant de poussée. »

♈ Bélier ♉ Taureau ♊ Gémeaux ♋ Cancer ♌ Lion ♍ Vierge ♎ Balance ♏ Scorpion ♐ Sagittaire ♑ Capricorne ♒ Verseau ♓ Poissons

Date	Lune	Lever coucher	Jour	Zodiaque	Travaux au jardin
Lundi 3 avril	▲ lune descendante	17 h 28 6 h 50		♌	Taillez les pêchers juste avant qu'ils ne fleurissent. Vous supprimerez les rameaux qui ont fructifié l'année précédente. Sans taille, le pêcher vieillit prématurément et cesse de donner des fruits. N'oubliez pas de pulvériser de la bouillie bordelaise.
Mardi 4 avril	▲	18 h 37 7 h 05		9 h 41 ♍	Coupez les arbres, à l'exception des résineux, destinés à la charpente et au bois d'extérieur. Le bois d'œuvre doit être coupé en lune descendante, en évitant le dernier jour de cette période. Le bois de charpente doit être coupé en Lion, Vierge, Balance, Scorpion ou Sagittaire. Pour éviter qu'il travaille ou qu'il éclate, coupez-le en Scorpion ou en Balance. Une exception, toutefois : les piquets de vos clôtures en bois auront une plus grande longévité s'ils sont coupés durant la nouvelle lune. Plantez-les lorsque la Lune est dans la constellation du Lion. Une mention particulière pour le bois de chauffage : il doit être coupé en lune descendante, en évitant les jours les plus proches de la nouvelle lune. Ce bois sèchera mieux s'il est empilé en lune descendante, entre le premier et le dernier quartier.
Mercredi 5 avril	▲	19 h 48 7 h 19			
Jeudi 6 avril	▲ ○ à 6 h 34	21 h 00 7 h 33			
Vendredi 7 avril	▼ ND à 15 h 52	22 h 15 7 h 48			⚠ **Vendredi, ne jardinez pas entre 10 h 50 et 20 h 55.**
Samedi 8 avril	▼	23 h 34 8 h 06		23 h 42 ♎	Tuteurez les vivaces et divisez les plus grosses touffes. La plupart des vivaces ont une période de floraison variant entre une semaine et plusieurs mois, généralement au printemps et au cours de l'été. Avant qu'ils ne fassent leurs bourgeons à fleurs, il est temps de tailler vos arbustes à floraison estivale.
Dimanche 9 avril	▼	- 8 h 29		14 h 45 ♏	Taillez les arbustes à feuillage d'ornement. Pour les persistants, contentez-vous d'une taille légère.

Ne pas oublier : pour éviter qu'ils soient envahis de pucerons, installez des colliers anti-fourmis à vos arbres fruitiers.

Date	Notes :	Météo :
Lundi 3 avril St Richard		Pluie : ...... mm Cumul : ...... mm °C mini : .... °C maxi : .... Pression : .... hPa Temps : ....
Mardi 4 avril St Isidore		Pluie : ...... mm Cumul : ...... mm °C mini : .... °C maxi : .... Pression : .... hPa Temps : ....
Mercredi 5 avril Ste Irène		Pluie : ...... mm Cumul : ...... mm °C mini : .... °C maxi : .... Pression : .... hPa Temps : ....
Jeudi 6 avril St Marcellin		Pluie : ...... mm Cumul : ...... mm °C mini : .... °C maxi : .... Pression : .... hPa Temps : ....
Vendredi 7 avril Vendredi saint		Pluie : ...... mm Cumul : ...... mm °C mini : .... °C maxi : .... Pression : .... hPa Temps : ....
Samedi 8 avril Ste Julie		Pluie : ...... mm Cumul : ...... mm °C mini : .... °C maxi : .... Pression : .... hPa Temps : ....
Dimanche 9 avril Pâques		Pluie : ...... mm Cumul : ...... mm °C mini : .... °C maxi : .... Pression : .... hPa Temps : ....

« S'il pleut le trois, il pleuvra tout le mois. »

♈ Bélier ♉ Taureau ♊ Gémeaux ♋ Cancer ♌ Lion ♍ Vierge ♎ Balance ♏ Scorpion ♐ Sagittaire ♑ Capricorne ♒ Verseau ♓ Poissons

Date	Lune	Lever / coucher	Zodiaque
Lundi 10 avril	lune descendante	0 h 54 / 9 h 00	♏
Mardi 11 avril	lune descendante	2 h 12 / 9 h 42	13 h 54 ♐
Mercredi 12 avril	5 h 10 lune montante	3 h 21 / 10 h 39	
Jeudi 13 avril	lune montante ; à 11 h 11	4 h 16 / 11 h 51	20 h 51 ♑
Vendredi 14 avril	lune montante	4 h 57 / 13 h 13	
Samedi 15 avril	lune montante	5 h 28 / 14 h 38	18 h 21 ♒
Dimanche 16 avril	lune montante ; P à 4 h 23	5 h 51 / 16 h 04	

Travaux au jardin

- Première tonte de la pelouse ! Tondez lorsque l'herbe est sèche et 30 % plus haute que la taille conseillée : les graminées de climat froid doivent être maintenues à 6 ou 7 cm ; celles de climat chaud à 2 ou 3 cm. Tondez une fois dans la longueur de la pelouse, une fois dans sa largeur. Laissez les déchets de tonte en place s'ils sont très courts et bien disséminés.

- Limitez la cloque du pêcher avec du purin d'ortie dilué à 5 % et des algues calcaires à 2 %, tous les dix jours, ou encore une décoction de prêle tous les trois jours. La cloque est l'une des maladies les plus faciles à reconnaître. Elle se caractérise par des feuilles cloquées et enroulées sur elles-mêmes, avec changement de couleur : elles passent au jaune, puis au rouge vif ou au pourpre. L'arbre perd son feuillage prématurément. Les jeunes rameaux se déforment et vous constatez un écoulement de gomme. La cloque n'affecte en principe pas la vie de l'arbre qu'elle atteint, sauf si la maladie survient plusieurs années de suite.

- Pour éliminer les déchets toxiques issus de la décomposition des feuilles, videz les trois quarts de votre bassin d'eau. Faites attention de ne pas éliminer les bourgeons de vos nénuphars, ni les escargots d'eau. Faites aussi attention aux poissons qui vivent dans votre bassin.
- En règle générale, la matinée doit être réservée aux semis et la soirée doit plutôt être consacrée aux repiquages.
- Pour lutter contre la teigne et la mouche, semez en place des carottes à proximité des poireaux.

- Semez des fleurs annuelles directement en place en arrosant en pluie fine, jusqu'à la levée. Vous disposez d'un très vaste choix : capucines, bleuets, immortelles, lavatères, coquelicots, clarkias, cosmos, pavots de Californie…

⚠ **Dimanche, ne jardinez pas avant 9 h 25.**

Ne pas oublier : paillez tous les arbres et arbustes nouvellement plantés, en ménageant une large cuvette dans les régions à climat sec.

Date	Notes :	Météo :
Lundi 10 avril Lundi de Pâques		Pluie : ...... mm Cumul : ...... mm °C mini : .... °C maxi : .... Pression : .... hPa Temps : ....
Mardi 11 avril St Stanislas		Pluie : ...... mm Cumul : ...... mm °C mini : .... °C maxi : .... Pression : .... hPa Temps : ....
Mercredi 12 avril St Jules		Pluie : ...... mm Cumul : ...... mm °C mini : .... °C maxi : .... Pression : .... hPa Temps : ....
Jeudi 13 avril S[te] Ida		Pluie : ...... mm Cumul : ...... mm °C mini : .... °C maxi : .... Pression : .... hPa Temps : ....
Vendredi 14 avril St Maxime		Pluie : ...... mm Cumul : ...... mm °C mini : .... °C maxi : .... Pression : .... hPa Temps : ....
Samedi 15 avril St Paterne		Pluie : ...... mm Cumul : ...... mm °C mini : .... °C maxi : .... Pression : .... hPa Temps : ....
Dimanche 16 avril St Benoît-Joseph		Pluie : ...... mm Cumul : ...... mm °C mini : .... °C maxi : .... Pression : .... hPa Temps : ....

« Avril fait la fleur, mai en a l'honneur. »

♈ Bélier ♉ Taureau ♊ Gémeaux ♋ Cancer ♌ Lion ♍ Vierge ♎ Balance ♏ Scorpion ♐ Sagittaire ♑ Capricorne ♒ Verseau ♓ Poissons

Date	Lune	Lever coucher	Jour	Zodiaque	Travaux au jardin
Lundi 17 avril	▼	6 h 10 17 h 27		♒	Une astuce : suspendez des harengs séchés dans les branches des cerisiers. Ils éloigneront les insectes pondeurs et vous n'aurez pas de fruits véreux au cours de vos cueillettes.
Mardi 18 avril	▼	6 h 27 18 h 48		23 h 46 ♓	Semez la pelouse dans une terre bien préparée et ratissée, en croisant vos passages. Plombez le semis à l'aide d'un rouleau. Arrosez jusqu'à la levée. Comme une pelouse représente un investissement à long terme, privilégiez des semences de qualité. Sur l'emballage, vous devez trouver les informations suivantes : le nom complet de la variété, le taux de graines de mauvaises herbes (qui doit être inférieur à 0,5 %), le taux de germination (qui doit être supérieur à 85 % pour le pâturin et supérieur à 90 % pour toutes les autres variétés). La quantité de graines varie d'une variété à l'autre : de 0,75 à 4 kg pour 100 m².
Mercredi 19 avril	▼	6 h 43 20 h 09			
Jeudi 20 avril Lune rousse	▼ ● à 6 h 12 NA à 13 h 30	7 h 00 21 h 29		4 h 37 ♈	⚠ **Jeudi, ne jardinez pas entre 8 h 30 et 18 h 30.** Replantez les boutures des groseilliers. Taillez les pêchers juste avant leur floraison. Aérez la ramure et rapprochez la fructification vers le bas des arbres. Supprimez les rameaux ayant fructifié l'année précédente. N'oubliez pas de pulvériser de la bouillie bordelaise. En climat doux, semez le maïs doux par groupe pour favoriser la pollinisation qui ne se fait que grâce au vent. Plantez-les en lignes côte à côte, ou par groupes de 3 ou 4 plants.
Vendredi 21 avril	▲	7 h 19 22 h 48			
Samedi 22 avril	▲	7 h 43 -		3 h 52 ♉	Dans une terre enrichie de compost, repiquez les poireaux d'été. Habillez-les en coupant la moitié du feuillage et en raccourcissant les racines à 2 cm. Ouvrez un sillon profond, arrosez jusqu'au refus, plantez les poireaux au plantoir, refermez le sillon et paillez. Commencez un premier semis de radis d'été 'Rosée de Pâques' et 'Glaçon'. Ils produiront dans cinq à six semaines. Ces gros radis résistent mieux à la sécheresse. Enterrez les graines à un bon centimètre de profondeur et arrosez régulièrement.
Dimanche 23 avril	▲	8 h 12 0 h 06			

lune montante

Ne pas oublier : en fonction de la température extérieure, aérez la serre.

Date	Notes :	Météo :
Lundi 17 avril St Anicet		Pluie : mm Cumul : mm °C mini : °C maxi : Pression : hPa Temps :
Mardi 18 avril St Parfait		Pluie : mm Cumul : mm °C mini : °C maxi : Pression : hPa Temps :
Mercredi 19 avril Ste Emma		Pluie : mm Cumul : mm °C mini : °C maxi : Pression : hPa Temps :
Jeudi 20 avril Ste Odette		Pluie : mm Cumul : mm °C mini : °C maxi : Pression : hPa Temps :
Vendredi 21 avril St Anselme		Pluie : mm Cumul : mm °C mini : °C maxi : Pression : hPa Temps :
Samedi 22 avril St Alexandre		Pluie : mm Cumul : mm °C mini : °C maxi : Pression : hPa Temps :
Dimanche 23 avril St Georges		Pluie : mm Cumul : mm °C mini : °C maxi : Pression : hPa Temps :

« Lune rousse sur la semence aura toujours mauvaise influence. »

♈ Bélier ♉ Taureau ♊ Gémeaux ♋ Cancer ♌ Lion ♍ Vierge ♎ Balance ♏ Scorpion ♐ Sagittaire ♑ Capricorne ♒ Verseau ♓ Poissons

Date	Lune	Lever coucher	Jour	Zodiaque	Travaux au jardin
Lundi 24 avril	lune mont.	8 h 51 / 1 h 17		♉	➧ En pépinière, semez des choux raves. Il faudra ensuite les repiquer au potager, sur la ligne, à 20 cm, en veillant à bien enterrer le collet, puis à butter à la formation de la pomme.
				21 h 58 ♊	➧ Taillez les arbustes défleuris en veillant à aérer le centre des touffes. Supprimez le vieux bois. Taillez au-dessus d'un œil tourné vers l'extérieur. ➧ Plantez les glaïeuls à 10 cm de profondeur et à 20 cm de distance les uns des autres. D'une manière globale, le glaïeul apprécie tous les types de sols mais marque une préférence pour une situation ensoleillée. ➧ Repiquez en godets les impatiens semées au mois de mars. ➧ Installez les vivaces en godets et les arbustes à fleurs en conteneurs. ➧ En région douce, installez les dahlias.
Mardi 25 avril	7h52 lune descendante	9 h 40 / 2 h 19			
Mercredi 26 avril	lune descendante	10 h 38 / 3 h 09			
				3 h 04 ♋	➧ C'est le moment de tondre et de scarifier votre pelouse afin d'obtenir une pelouse plus résistante et plus dense. La scarification permet également de limiter, voire même d'éviter, la propagation des maladies. ➧ Plantez les aromatiques vivaces et annuelles. ⚠ **Vendredi, ne jardinez pas avant 13 h 50.**
Jeudi 27 avril	lune descendante ◗ à 23 h 19	11 h 44 / 3 h 47			
Vendredi 28 avril	lune descendante A à 8 h 50	12 h 52 / 4 h 16			
				18 h 17 ♌	➧ C'est la dernière limite pour tailler vos rosiers en veillant à ne pas les tailler trop court car ils mettraient alors beaucoup plus de temps à fleurir. ➧ Plantez des groseilliers, des framboisiers, des cassissiers et des fraisiers remontants. En terre acide, vous pouvez aussi installer des myrtilliers. Enrichissez le sol en compost, mettez en place et arrosez. ➧ Prélevez les drageons (pousses qui se développent au départ d'un bourgeon placé sur une racine, qui devient autonome et se comporte comme le végétal, d'origine) des lilas et des rosiers. ➧ Ébourgeonnez la vigne à la base des pousses de l'année.
Samedi 29 avril	lune descendante	14 h 02 / 4 h 38			
Dimanche 30 avril	lune descendante	15 h 11 / 4 h 56			

Ne pas oublier : ne mettez pas vos déchets dans votre compost mûr ou demi-mûr de l'an passé. Commencez plutôt un nouveau compost.

Date	Notes :	Météo :
Lundi 24 avril St Fidèle		Pluie : …… mm Cumul : …… mm °C mini : …… °C maxi : …… Pression : …… hPa Temps : ……
Mardi 25 avril St Marc		Pluie : …… mm Cumul : …… mm °C mini : …… °C maxi : …… Pression : …… hPa Temps : ……
Mercredi 26 avril Ste Alida		Pluie : …… mm Cumul : …… mm °C mini : …… °C maxi : …… Pression : …… hPa Temps : ……
Jeudi 27 avril Ste Zita		Pluie : …… mm Cumul : …… mm °C mini : …… °C maxi : …… Pression : …… hPa Temps : ……
Vendredi 28 avril Ste Valérie		Pluie : …… mm Cumul : …… mm °C mini : …… °C maxi : …… Pression : …… hPa Temps : ……
Samedi 29 avril Ste Cath. de Sienne		Pluie : …… mm Cumul : …… mm °C mini : …… °C maxi : …… Pression : …… hPa Temps : ……
Dimanche 30 avril St Robert		Pluie : …… mm Cumul : …… mm °C mini : …… °C maxi : …… Pression : …… hPa Temps : ……

« Caprices d'avril font tomber les fleurs et trembler les laboureurs. »

♈ Bélier ♉ Taureau ♊ Gémeaux ♋ Cancer ♌ Lion ♍ Vierge ♎ Balance ♏ Scorpion ♐ Sagittaire ♑ Capricorne ♒ Verseau ♓ Poissons

Date	Lune	Lever coucher	Jour	Zodiaque	Travaux au jardin
Lundi 1er mai	lune desc.	16 h 20 / 5 h 12		♌ ; 17 h 55 ♍	➧ C'est la dernière limite pour tailler vos rosiers en veillant à ne pas les tailler trop court car ils mettraient alors beaucoup plus de temps à fleurir.
Mardi 2 mai	lune desc.	17 h 30 / 5 h 26		♍	➧ Plantez les pommes de terre précoces 'Belle de Fontenay', 'Amandine', 'Charlotte', 'Roseval' et 'Sirtema' car elles échappent mieux aux larves de limaces et de taupins. Vous les butterez dès que le feuillage atteint 25 cm de haut. En climat frais, il est préférable d'attendre que les risques de gelée soient écartés. Prévoyez un écartement suffisant pour pouvoir les butter facilement. ➧ En sol léger, plantez des crosnes par poquets de trois tubercules entiers, à 40 cm environ en tous sens et à une dizaine de centimètres de profondeur. ➧ Installez en rangs espacés d'environ 30 cm et à une distance de 10 cm les poireaux qui ont été semés au début du mois de février. ➧ Éclaircissez les carottes et les betteraves qui ont été semées au début du mois d'avril. ➧ Repiquez les céleris-raves qui ont été semés à la mi-mars. ⚠ **Jeudi, ne jardinez plus après 18 h 55.**
Mercredi 3 mai	lune descendante	18 h 41 / 5 h 40		♍	
Jeudi 4 mai	lune descendante; ND à 23 h 56	19 h 56 / 5 h 54		♍	
Vendredi 5 mai	lune descendante; pleine lune à 19 h 33	21 h 15 / 6 h 11		7 h 33 ♎	➧ Dans les régions bénéficiant d'un climat doux, plantez les annuelles (œillets, bégonias, pélargoniums) semées à la fin du mois de janvier. ➧ Taillez les lilas défleuris en les rééquilibrant le cas échéant. ➧ Bouturez vos vivaces sans oublier de les étiqueter. ➧ Mettez en pots et en jardinières les pétunias et les impatiens.
Samedi 6 mai		22 h 36 / 6 h 32		♎ ; 21 h 52 ♏	➧ Plantez les aromatiques vivaces et annuelles. Les aromatiques trouvent leur utilité en cuisine, mais ont aussi leur fonction à l'extérieur. Grâce à leur parfum souvent prononcé, la plupart d'entre elles éloignent les insectes nuisibles, tandis que leurs fleurs attirent les insectes utiles.
Dimanche 7 mai		23 h 58 / 7 h 00		♏	

Ne pas oublier : pour éloigner les moustiques, garnissez les rebords de vos fenêtres de potées de géraniums et de touffes de lavande.

Date	Notes :	Météo :
Lundi 1er mai Fête du Travail		Pluie : ...... mm Cumul : ...... mm °C mini : .... °C maxi : .... Pression : .... hPa Temps : ....
Mardi 2 mai St Boris		Pluie : ...... mm Cumul : ...... mm °C mini : .... °C maxi : .... Pression : .... hPa Temps : ....
Mercredi 3 mai Sts Phil., Jacq.		Pluie : ...... mm Cumul : ...... mm °C mini : .... °C maxi : .... Pression : .... hPa Temps : ....
Jeudi 4 mai St Sylvain		Pluie : ...... mm Cumul : ...... mm °C mini : .... °C maxi : .... Pression : .... hPa Temps : ....
Vendredi 5 mai Ste Judith		Pluie : ...... mm Cumul : ...... mm °C mini : .... °C maxi : .... Pression : .... hPa Temps : ....
Samedi 6 mai Ste Prudence		Pluie : ...... mm Cumul : ...... mm °C mini : .... °C maxi : .... Pression : .... hPa Temps : ....
Dimanche 7 mai Ste Gisèle		Pluie : ...... mm Cumul : ...... mm °C mini : .... °C maxi : .... Pression : .... hPa Temps : ....

« Plus mai est chaud, plus l'an vaut. »

♈ Bélier ♉ Taureau ♊ Gémeaux ♋ Cancer ♌ Lion ♍ Vierge ♎ Balance ♏ Scorpion ♐ Sagittaire ♑ Capricorne ♒ Verseau ♓ Poissons

Date	Lune	Lever coucher	Jour	Zodiaque	Travaux au jardin
Lundi 8 mai	à 2 h 21 ; Lune desc.	– / 7 h 39		♏ ; 20 h 01	Semez les plantes nécessaires à la lutte phytosanitaire : capucines, tanaisies et soucis.
Mardi 9 mai	10 h 57 ; Lune montante	1 h 12 / 8 h 32		♐	Prélevez des greffons pleins de vigueur, mettez-les en jauge et procédez à la greffe dans deux mois, en lune descendante et en jour fruits. Semez les haricots nains, à rames, mange-tout, filet, beurre… sauf si une période froide et pluvieuse s'annonce. N'enterrez pas trop les graines. Les semis en poquets de cinq à sept graines réussissent mieux que le semis en ligne. Il est préférable de placer les rames (au milieu des poquets) au moment du semis pour les variétés grimpantes. En climat doux, installez les piments, les poivrons et les aubergines semés au début du mois de février.
Mercredi 10 mai		2 h 13 / 9 h 41			
Jeudi 11 mai Saint de glace	P à 7 h 05	2 h 59 / 11 h 01		2 h 16 ; ♑	**Jeudi, ne jardinez pas avant 12 h 10.** Récoltez la prêle pour vos tisanes et aussi pour votre purin. Semez en ligne en pépinière de pleine terre des poireaux pour l'hiver, comme le 'Bleu de Solaize'. Ils seront à repiquer en place, profondément, lorsqu'ils auront atteint la taille d'un crayon. Renouvelez les semis des carottes de conservation comme la 'Nantaise améliorée'. Semez des betteraves pour la conservation hivernale ainsi que du rutabaga.
Vendredi 12 mai Saint de glace	◐ à 16 h 28	3 h 33 / 12 h 25		23 h 58	
Samedi 13 mai Saint de glace		3 h 57 / 13 h 50		♒	Semez en place les fleurs annuelles en recouvrant légèrement les graines. Arrosez en pluie fine. Parmi les annuelles les plus connues et les plus appréciées, on retrouve pêle-mêle : delphiniums, soucis, pavots de Californie, pois de senteur, pensées, primevères, giroflées, géraniums, violettes, capucines, chrysanthèmes, bégonias, cosmos, soleils, lobélias, zinnias… En région océanique, semez des choux-fleurs de variétés tardives 'Géant d'automne', 'Kangaroo' et 'White Excel'. Vous les repiquerez dans un mois pour une production automnale.
Dimanche 14 mai		4 h 16 / 15 h 11			

Ne pas oublier : garnissez vos jardinières, bacs et pots en terrasse et sur les balcons.

Date	Notes :	Météo :
Lundi 8 mai Victoire 1945		Pluie : ...... mm Cumul : ...... mm °C mini : .... °C maxi : .... Pression : .... hPa Temps : ....
Mardi 9 mai St Pacôme		Pluie : ...... mm Cumul : ...... mm °C mini : .... °C maxi : .... Pression : .... hPa Temps : ....
Mercredi 10 mai Ste Solange		Pluie : ...... mm Cumul : ...... mm °C mini : .... °C maxi : .... Pression : .... hPa Temps : ....
Jeudi 11 mai Ste Estelle		Pluie : ...... mm Cumul : ...... mm °C mini : .... °C maxi : .... Pression : .... hPa Temps : ....
Vendredi 12 mai St Achille		Pluie : ...... mm Cumul : ...... mm °C mini : .... °C maxi : .... Pression : .... hPa Temps : ....
Samedi 13 mai Ste Rolande		Pluie : ...... mm Cumul : ...... mm °C mini : .... °C maxi : .... Pression : .... hPa Temps : ....
Dimanche 14 mai St Matthias		Pluie : ...... mm Cumul : ...... mm °C mini : .... °C maxi : .... Pression : .... hPa Temps : ....

« Les saints de glace de leur passage laissent souvent trace. »

♈ Bélier ♉ Taureau ♊ Gémeaux ♋ Cancer ♌ Lion ♍ Vierge ♎ Balance ♏ Scorpion ♐ Sagittaire ♑ Capricorne ♒ Verseau ♓ Poissons

Date	Lune	Lever / coucher	Zodiaque
Lundi 15 mai	lune montante	4 h 33 / 16 h 31	6 h 28 ♓
Mardi 16 mai	lune montante	4 h 49 / 17 h 50	
Mercredi 17 mai	NA à 21 h 35 – lune montante	5 h 05 / 19 h 08	12 h 32 ♈
Jeudi 18 mai	lune montante	5 h 23 / 20 h 27	
Vendredi 19 mai – Fin lune rousse	à 17 h 53 – lune montante	5 h 44 / 21 h 45	12 h 26 ♉
Samedi 20 mai	lune montante	6 h 11 / 22 h 59	
Dimanche 21 mai	lune montante	6 h 45 / –	

Travaux au jardin

- Dans le carré des aromatiques, semez de la coriandre. En mi-ombre, semez du persil et du cerfeuil. Maintenez le sol frais. Installez les aromatiques en les associant aux légumes : elles repousseront certains parasites.
- Renouvelez les semis de salades : laitue pommée, batavia, laitue à couper, roquette et pourpier. Faites attention au choix des variétés et semez des laitues pommées qui résistent à la montée en graine : 'Kinemontepas', 'Merveille des Saisons', 'Reine des glaces' et 'Sucrine'. Vous pouvez aussi semer du mesclun : préférez les mélanges sans roquette car celle-ci a tendance à dominer les autres plantes.

⚠ Mercredi, ne jardinez plus après 16 h 30.

- Semez des coloquintes. Ces cucurbitacées peuvent couvrir le sol ou grimper sur de solides tuteurs. Vous pourrez ensuite les utiliser également pour vos décors à la maison.
- Semez la courge 'Butternut' qui réussit bien dans le Midi ainsi que dans les régions à l'arrière-saison douce.
- À l'extrémité des rangs de haricots, semez des capucines qui attireront les pucerons.
- En climat doux, installez les piments, les poivrons et les aubergines semés au début du mois de février.
- Semez des radis 'Noir gros long d'hiver', 'Violet de Gournay', 'Rose de Chine'. Alternez les rangs tous les 25 à 30 cm avec des carottes. Vos radis seront plus doux. Vous éclaircirez les jeunes plants tous les 10 à 15 cm. Ne plantez jamais les radis à proximité des choux car ces deux légumes ont besoin des mêmes nutriments pour se développer. Ils se livreraient une concurrence néfaste. Si votre potager est petit, vous pouvez (pour gagner de la place) planter les radis dans des rangées de laitues ou de carottes. Enfin, pour que vos radis ne piquent pas, ramassez-les assez jeunes et arrosez-les généreusement.

Ne pas oublier : dans les régions bénéficiant d'un climat doux, mettez en place les plantes aquatiques.

Date	Notes :	Météo :
Lundi 15 mai Ste Denise		Pluie : ...... mm Cumul : ...... mm °C mini : .... °C maxi : .... Pression : .... hPa Temps : ....
Mardi 16 mai St Honoré		Pluie : ...... mm Cumul : ...... mm °C mini : .... °C maxi : .... Pression : .... hPa Temps : ....
Mercredi 17 mai St Pascal		Pluie : ...... mm Cumul : ...... mm °C mini : .... °C maxi : .... Pression : .... hPa Temps : ....
Jeudi 18 mai Ascension		Pluie : ...... mm Cumul : ...... mm °C mini : .... °C maxi : .... Pression : .... hPa Temps : ....
Vendredi 19 mai St Yves		Pluie : ...... mm Cumul : ...... mm °C mini : .... °C maxi : .... Pression : .... hPa Temps : ....
Samedi 20 mai St Bernardin		Pluie : ...... mm Cumul : ...... mm °C mini : .... °C maxi : .... Pression : .... hPa Temps : ....
Dimanche 21 mai St Constantin		Pluie : ...... mm Cumul : ...... mm °C mini : .... °C maxi : .... Pression : .... hPa Temps : ....

« À la Sainte-Denise, le froid n'en fait plus à sa guise. »

♈ Bélier ♉ Taureau ♊ Gémeaux ♋ Cancer ♌ Lion ♍ Vierge ♎ Balance ♏ Scorpion ♐ Sagittaire ♑ Capricorne ♒ Verseau ♓ Poissons

Date	Lune	Lever / coucher	Jour	Zodiaque	Travaux au jardin
Lundi 22 mai	L. mont. 16 h 06 lune descendante	7 h 30 / 0 h 06		6 h 27 ♊	• Arrachez les tulipes en laissant le feuillage jaunir. Vous pourrez ensuite les stocker ou les replanter ailleurs. • Installez les bégonias, les impatiens, les pélargoniums, les œillets et toutes les annuelles dans des pots ou dans les massifs. • Bouturez les potentilles, les deutzias et les seringas. Piquez les boutures dans des pots remplis d'un mélange léger et conservez-les sous châssis. • Essayez de faire des boutures d'arbustes à fleurs, en particulier les seringas et les deutzias qui ont de grandes chances de réussir.
Mardi 23 mai	lune descendante	8 h 25 / 1 h 01			
Mercredi 24 mai	lune descendante	9 h 29 / 1 h 44		11 h 12 ♋	• Plantez les aromatiques (ciboulette, menthe, basilic, sarriette, sauge, thym…) en pots, en jardinières ou au potager. Vous les associerez aux tomates, aux carottes, aux navets, aux choux et aux radis pour profiter de leur action répulsive sur les parasites.
Jeudi 25 mai	lune descendante	10 h 36 / 2 h 17			
Vendredi 26 mai	A à 3 h 38	11 h 46 / 2 h 41		2 h 20 ♌	**⚠ Vendredi, ne jardinez pas avant 8 h 40.** • Après la chute naturelle des fruits, éclaircissez les pommes et les poires en conservant le fruit du centre pour les pommiers et un fruit périphérique pour les poiriers. Cette opération permet d'éliminer les fruits en surnombre, de faire grossir les fruits maintenus en place, de les rendre naturellement plus sucrés et plus goûteux, de soulager les branches qui risqueraient autrement de se briser sous le poids excessif des fruits et de diminuer les risques de maladies. Pour éclaircir, il faut légèrement secouer l'arbre pour faire tomber les fruits mal accrochés et/ou malades.
Samedi 27 mai	◐ à 17 h 22	12 h 55 / 3 h 01			
Dimanche 28 mai	lune descendante	14 h 03 / 3 h 17			

Ne pas oublier : installez des pièges à phéromones dans les cerisiers qui risquent d'être attaqués par la mouche.

Date	Notes :	Météo :
Lundi 22 mai St Emile		Pluie : ...... mm Cumul : ...... mm °C mini : .... °C maxi : .... Pression : .... hPa Temps : ....
Mardi 23 mai St Didier		Pluie : ...... mm Cumul : ...... mm °C mini : .... °C maxi : .... Pression : .... hPa Temps : ....
Mercredi 24 mai St Donation		Pluie : ...... mm Cumul : ...... mm °C mini : .... °C maxi : .... Pression : .... hPa Temps : ....
Jeudi 25 mai Ste Sophie		Pluie : ...... mm Cumul : ...... mm °C mini : .... °C maxi : .... Pression : .... hPa Temps : ....
Vendredi 26 mai St Bérenger		Pluie : ...... mm Cumul : ...... mm °C mini : .... °C maxi : .... Pression : .... hPa Temps : ....
Samedi 27 mai St Augustin		Pluie : ...... mm Cumul : ...... mm °C mini : .... °C maxi : .... Pression : .... hPa Temps : ....
Dimanche 28 mai Pentecôte		Pluie : ...... mm Cumul : ...... mm °C mini : .... °C maxi : .... Pression : .... hPa Temps : ....

« À la Saint-Didier, soleil orgueilleux nous annonce un été joyeux. »

♈ Bélier ♉ Taureau ♊ Gémeaux ♋ Cancer ♌ Lion ♍ Vierge ♎ Balance ♏ Scorpion ♐ Sagittaire ♑ Capricorne ♒ Verseau ♓ Poissons

Date	Lune	Lever / coucher	Zodiaque
Lundi 29 mai	Lune descendante	15 h 12 / 3 h 32	2 h 31 ♍
Mardi 30 mai	Lune descendante	16 h 21 / 3 h 45	
Mercredi 31 mai	Lune descendante	17 h 34 / 3 h 59	
Jeudi 1er juin	ND à 8 h 22	18 h 50 / 4 h 14	16 h 49 ♎
Vendredi 2 juin	Lune descendante	20 h 11 / 4 h 33	
Samedi 3 juin	Lune descendante	21 h 35 / 4 h 58	6 h 52 ♏
Dimanche 4 juin	○ à 5 h 41	22 h 54 / 5 h 33	

Travaux au jardin

- Éclaircissez les carottes jusqu'à 10 cm. Ne laissez pas les plants arrachés sur place car ils risquent d'attirer la mouche. Pour la même raison, il est recommandé de boucher les trous après arrachage, en binant. Vous pouvez saupoudrer les rangs de carottes avec des algues brunes en poudre, de la suie ou de la tanaisie séchée et émiettée (si vous avez pris la précaution de la récolter en automne).
- Plantez les poireaux semés à la mi-mars. Coupez les racines à 2 cm et les feuilles à 10 cm. Laissez sécher pendant un ou deux jours à même le sol. Mettez en place tous les 10 cm en enterrant la base.
- Dans les régions douces, récoltez les premières pommes de terre hâtives. Cette première récolte se conserve mal : il vaut mieux arracher au fur et à mesure des besoins.
- Dans le Midi, plantez les patates douces précédemment mises à germer dans des pots.

⚠ Jeudi, ne jardinez pas avant 13 h 30.

- Tentez des boutures des arbustes défleuris : forsythias, deutzias, seringas… Pour bouturer, coupez d'abord un morceau de tige ou de rameau sain en biseau. Avec des ciseaux, retirez la majorité des feuilles et, si elles sont grandes, coupez-les de moitié en suivant les nervures. Trempez ensuite la base de la tige sur 1 ou 2 cm dans un sachet d'hormones de bouturage. Dans la terre, creusez un trou plus large que la tige et mettez-la en place assez profondément.

- Tondez la pelouse dans des directions différentes à chaque tonte : une fois dans la longueur de la pelouse, puis dans sa largeur, et ainsi de suite. Cette technique permet d'éviter la compaction du sol et aide l'herbe à pousser droit. Si les déchets de tonte sont courts et bien disséminés, laissez-les en place.

Ne pas oublier : en fonction des besoins, apportez un engrais biologique spécial gazon à votre pelouse.

Date	Notes :	Météo :
Lundi 29 mai *Lundi de Pentecôte*		Pluie : ...... mm Cumul : ...... mm °C mini : .... °C maxi : .... Pression : .... hPa Temps : ....
Mardi 30 mai *St Ferdinand*		Pluie : ...... mm Cumul : ...... mm °C mini : .... °C maxi : .... Pression : .... hPa Temps : ....
Mercredi 31 mai *Visitation*		Pluie : ...... mm Cumul : ...... mm °C mini : .... °C maxi : .... Pression : .... hPa Temps : ....
Jeudi 1er juin *St Justin*		Pluie : ...... mm Cumul : ...... mm °C mini : .... °C maxi : .... Pression : .... hPa Temps : ....
Vendredi 2 juin *Ste Blandine*		Pluie : ...... mm Cumul : ...... mm °C mini : .... °C maxi : .... Pression : .... hPa Temps : ....
Samedi 3 juin *St Kévin*		Pluie : ...... mm Cumul : ...... mm °C mini : .... °C maxi : .... Pression : .... hPa Temps : ....
Dimanche 4 juin *Fête des Mères*		Pluie : ...... mm Cumul : ...... mm °C mini : .... °C maxi : .... Pression : .... hPa Temps : ....

« Juin bien fleuri, vrai paradis. »

♈ Bélier ♉ Taureau ♊ Gémeaux ♋ Cancer ♌ Lion ♍ Vierge ♎ Balance ♏ Scorpion ♐ Sagittaire ♑ Capricorne ♒ Verseau ♓ Poissons

Date	Lune	Lever coucher	Jour	Zodiaque
Lundi 5 juin	l. desc. / 18 h 21	- / 6 h 20		4 h 07 ♐
Mardi 6 juin	lune montante	0 h 03 / 7 h 26		
Mercredi 7 juin	P à 1 h 06	0 h 56 / 8 h 45		8 h 57 ♑
Jeudi 8 juin	lune montante	1 h 34 / 10 h 11		
Vendredi 9 juin	lune montante	2 h 02 / 11 h 37		5 h 44 ♒
Samedi 10 juin	à 21 h 31	2 h 23 / 13 h 00		
Dimanche 11 juin	lune montante	2 h 40 / 14 h 20		11 h 58 ♓

Travaux au jardin

- Après la chute naturelle des fruits, éclaircissez les pommes et les poires en conservant le fruit du centre pour les pommiers et un fruit périphérique pour les poiriers. Ceci permet d'éliminer les fruits en surnombre, de faire grossir les fruits maintenus en place, de les rendre plus goûteux et naturellement plus sucrés. Cette opération soulage aussi les branches qui risqueraient autrement de se briser sous le poids excessif des fruits. Elle diminue également les risques de maladies. Pour éclaircir, il faut légèrement secouer l'arbre pour faire tomber les fruits mal accrochés et/ou malades.

⚠ Mercredi, ne jardinez pas avant 6 h 10.

- Plantez les glaïeuls, les cannas et les dahlias. Divisez les souches des gentianes, des anémones et des asters.
- Semez des carottes pour vos récoltes d'hiver ('Purple Hase', 'Flyaway', 'de Colmar'). Prévoyez 30 cm entre deux rangs, creusez de larges sillons, couvrez, tassez et arrosez en pluie fine.
- Alternez les rangs de carottes avec des semis de radis ('Violet d'Hiver', 'de Gournay', 'Rose de Chine').

- Semez des mufliers en mélangeant les graines avec du sable fin car celles-ci sont minuscules. Semez l'agastache qui est à la fois aromatique et très florifère, le lin vivace et l'ancolie en pépinière, en lignes, pour désherber plus facilement.
- Semez en place les fleurs annuelles en recouvrant légèrement les graines. Arrosez en pluie fine. Il est encore temps de semer les fleurs annuelles à croissance rapide directement en place.
- Vous pouvez commencer les semis de fleurs bisannuelles comme la campanule et la giroflée ravenelle. Vous pouvez aussi semer du pavot et de la rose trémière, sauf dans les régions à climat sec.

- Par temps sec et avant la floraison, coupez l'ortie et la consoude. Faites-les sécher. Elles serviront à l'élaboration de différents traitements biologiques.

Ne pas oublier : arrosez régulièrement toutes les plantes en fonction de leurs besoins et des conditions climatiques.

Date	Notes :	Météo :
Lundi 5 juin St Igor		Pluie : ...... mm Cumul : ...... mm °C mini : .... °C maxi : .... Pression : .... hPa Temps : ....
Mardi 6 juin St Norbert		Pluie : ...... mm Cumul : ...... mm °C mini : .... °C maxi : .... Pression : .... hPa Temps : ....
Mercredi 7 juin St Gilbert		Pluie : ...... mm Cumul : ...... mm °C mini : .... °C maxi : .... Pression : .... hPa Temps : ....
Jeudi 8 juin St Médard		Pluie : ...... mm Cumul : ...... mm °C mini : .... °C maxi : .... Pression : .... hPa Temps : ....
Vendredi 9 juin Ste Diane		Pluie : ...... mm Cumul : ...... mm °C mini : .... °C maxi : .... Pression : .... hPa Temps : ....
Samedi 10 juin St Landry		Pluie : ...... mm Cumul : ...... mm °C mini : .... °C maxi : .... Pression : .... hPa Temps : ....
Dimanche 11 juin St Barnabé		Pluie : ...... mm Cumul : ...... mm °C mini : .... °C maxi : .... Pression : .... hPa Temps : ....

« Juin froid et pluvieux, tout l'an sera grincheux. »

♈ Bélier ♉ Taureau ♊ Gémeaux ♋ Cancer ♌ Lion ♍ Vierge ♎ Balance ♏ Scorpion ♐ Sagittaire ♑ Capricorne ♒ Verseau ♓ Poissons

Date	Lune	Lever / coucher	Zodiaque
Lundi 12 juin	lune montante	2 h 56 / 15 h 39	♓
Mardi 13 juin	lune montante	3 h 12 / 16 h 55	♓ ; 18 h 27 ♈
Mercredi 14 juin	NA à 2 h 04 ; lune montante	3 h 29 / 18 h 12	♈
Jeudi 15 juin	lune montante	3 h 48 / 19 h 30	♈ ; 19 h 18 ♉
Vendredi 16 juin	lune montante	4 h 12 / 20 h 44	♉
Samedi 17 juin	lune montante	4 h 43 / 21 h 54	♉
Dimanche 18 juin	PL à 6 h 37 ; l. d. 23 h 05	5 h 24 / 22 h 53	♉ ; 13 h 57 ♊

Travaux au jardin

- Plantez les premières salades entre les rangs d'échalotes ou d'oignons. De cette manière, elles absorberont l'azote dont ces derniers n'ont aucun besoin. En principe, et dans de bonnes conditions, les salades doivent lever en trois ou quatre jours. Si ce n'est pas le cas, il est inutile d'insister car elles ne donneraient que des plants fragiles.
- Notamment dans le Midi, semez des laitues qui résistent à la chaleur comme 'Sucrine' ou 'Craquante'.

- Semez des coloquintes. Leurs fruits seront très décoratifs dans la maison en fin d'année. En attendant la récolte, utilisez les plants comme couvre-sol ou faites-les grimper sur un support.

⚠ **Mercredi, ne jardinez pas avant 7 h 05.**

- Semez maintenant des courgettes en pleine terre pour une récolte prévue vers la fin de l'été. Par temps chaud, arrosez modérément pour éviter que l'oïdium ne se développe.
- Si vous ne l'avez pas fait au mois de mai, éclaircissez les poiriers et les pommiers en ne laissant qu'un seul fruit par bouquet.

- Plantez les glaïeuls, dahlias et cannas. Divisez les souches des gentianes, des asters, des anémones…
- Commencez les semis des radis d'hiver très rustiques, en évitant la proximité du chou. Semez en ligne, à 2 cm de profondeur, tous les 4 à 5 cm. Vous éclaircirez à 15 cm. À côté des variétés traditionnelles comme 'Violet de Gournay', 'Rose d'hiver de Chine', 'Noir gros long d'hiver' ou 'Noir rond', vous trouverez aussi des variétés d'origine japonaise appelées 'Daïkon' à la saveur plus douce et parfois même sucrée. Les radis d'hiver apprécient une terre profonde, humifère mais sans fumure récente, restant fraîche tout en appréciant le soleil.
- Installez les légumes racines que vous récolterez dans le courant de l'automne, mais aussi en hiver.

- Semez l'agastache qui est à la fois aromatique et très florifère, le lin vivace et l'ancolie en pépinière, en lignes, pour désherber plus facilement.

Ne pas oublier : poursuivez les apports d'engrais biologiques aux plantes d'intérieur.

Date	Notes :	Météo :
Lundi 12 juin St Guy		Pluie : ...... mm Cumul : ...... mm °C mini : .... °C maxi : .... Pression : .... hPa Temps : ....
Mardi 13 juin St Ant. de Padoue		Pluie : ...... mm Cumul : ...... mm °C mini : .... °C maxi : .... Pression : .... hPa Temps : ....
Mercredi 14 juin St Elisée		Pluie : ...... mm Cumul : ...... mm °C mini : .... °C maxi : .... Pression : .... hPa Temps : ....
Jeudi 15 juin Ste Germaine		Pluie : ...... mm Cumul : ...... mm °C mini : .... °C maxi : .... Pression : .... hPa Temps : ....
Vendredi 16 juin St J.-F. Régis		Pluie : ...... mm Cumul : ...... mm °C mini : .... °C maxi : .... Pression : .... hPa Temps : ....
Samedi 17 juin St Hervé		Pluie : ...... mm Cumul : ...... mm °C mini : .... °C maxi : .... Pression : .... hPa Temps : ....
Dimanche 18 juin Fête des Pères		Pluie : ...... mm Cumul : ...... mm °C mini : .... °C maxi : .... Pression : .... hPa Temps : ....

« Pluie de Saint-Guy, c'est tout l'an qui rit. »

♈ Bélier ♉ Taureau ♊ Gémeaux ♋ Cancer ♌ Lion ♍ Vierge ♎ Balance ♏ Scorpion ♐ Sagittaire ♑ Capricorne ♒ Verseau ♓ Poissons

Date	Lune	Lever coucher	Jour	Zodiaque	Travaux au jardin
Lundi 19 juin	Lune descendante	6 h 15 / 23 h 41		♊	Taillez les rosiers non remontants. Supprimez les roses fanées des rosiers qui sont encore en fleurs pour prolonger la floraison. Marcottez la bignone et la glycine. Le marcottage est une technique qui, comme le bouturage, permet de multiplier les plantes en provoquant l'apparition de racines sur des tiges normales encore attachées à un végétal que vous désirez reproduire.
Mardi 20 juin		7 h 16 / –		18 h 45 ♋	Taillez le lierre afin qu'il n'envahisse pas les gouttières. Contrairement à ce que l'on pense, le lierre ne porte pas préjudice aux murs qu'il recouvre à condition qu'ils soient suffisamment étanches pour interdire la pénétration des crampons végétaux. Au contraire, le feuillage dense et persistant du lierre peut jouer un rôle d'isolant, protégeant les murs des vents froids et de la pluie.
Mercredi 21 juin Solstice d'été		8 h 23 / 0 h 16			
Jeudi 22 juin	A à 20 h 30	9 h 32 / 0 h 44		9 h 53 ♌	**Jeudi, ne jardinez plus après 15 h 30.** Éclaircissez les pommiers et les poiriers en ne laissant qu'un seul fruit par bouquet. Taillez les cerisiers juste après qu'ils aient produit, pour éviter l'écoulement de gomme. Taillez les gourmands des tomates qui retardent les fructifications en cours. Ne les jetez pas : les plus vigoureux peuvent être repiqués en pleine terre pour donner des fruits. Placez les autres sur les têtes de vos choux : ce sont d'excellents répulsifs naturels contre les chenilles. Pincez les melons, les courges et les potirons. Une astuce consiste à les marcotter dans une poche de terreau au niveau des nœuds, pour provoquer un enracinement secondaire et une meilleure vigueur. Mettez un poids sur ces marcottes, renouvelez le paillage.
Vendredi 23 juin		10 h 41 / 1 h 05			
Samedi 24 juin		11 h 50 / 1 h 22			
Dimanche 25 juin		12 h 57 / 1 h 37		10 h 35 ♍	Éclaircissez et repiquez les endives en supprimant une partie du feuillage. Éclaircissez les carottes, les choux-raves, les navets et les rutabagas.

Ne pas oublier : si les aiguilles de vos jeunes conifères jaunissent, arrosez chaque jour leur feuillage avec un jet fin.

Date	Notes :	Météo :
Lundi 19 juin St Romuald		Pluie : ...... mm Cumul : ...... mm °C mini : ...... °C maxi : ...... Pression : ...... hPa Temps : ......
Mardi 20 juin St Sylvère		Pluie : ...... mm Cumul : ...... mm °C mini : ...... °C maxi : ...... Pression : ...... hPa Temps : ......
Mercredi 21 juin Été		Pluie : ...... mm Cumul : ...... mm °C mini : ...... °C maxi : ...... Pression : ...... hPa Temps : ......
Jeudi 22 juin St Alban		Pluie : ...... mm Cumul : ...... mm °C mini : ...... °C maxi : ...... Pression : ...... hPa Temps : ......
Vendredi 23 juin Ste Audrey		Pluie : ...... mm Cumul : ...... mm °C mini : ...... °C maxi : ...... Pression : ...... hPa Temps : ......
Samedi 24 juin St Jean-Baptiste		Pluie : ...... mm Cumul : ...... mm °C mini : ...... °C maxi : ...... Pression : ...... hPa Temps : ......
Dimanche 25 juin St Prosper		Pluie : ...... mm Cumul : ...... mm °C mini : ...... °C maxi : ...... Pression : ...... hPa Temps : ......

« Soleil de juin luit de grand matin. »

♈ Bélier ♉ Taureau ♊ Gémeaux ♋ Cancer ♌ Lion ♍ Vierge ♎ Balance ♏ Scorpion ♐ Sagittaire ♑ Capricorne ♒ Verseau ♓ Poissons

Date	Lune	Lever / coucher	Zodiaque
Lundi 26 juin	à 9 h 49	14 h 05 / 1 h 51	♍
Mardi 27 juin		15 h 15 / 2 h 04	
Mercredi 28 juin	ND à 14 h 23	16 h 27 / 2 h 18	
Jeudi 29 juin	lune descendante	17 h 45 / 2 h 35	2 h 22 ♎
Vendredi 30 juin	lune descendante	19 h 06 / 2 h 57	16 h 50 ♏
Samedi 1er juillet	lune descendante	20 h 28 / 3 h 26	
Dimanche 2 juillet	lune descendante	21 h 44 / 4 h 07	14 h 00 ♐

Travaux au jardin

- Commencez la récolte de l'ail, de l'échalote et de l'oignon si leurs fanes sont jaunes. Vous les arracherez et les laisserez ressuyer au sol avant de les stocker dans un endroit sec. Si le sol est frais, vous pouvez les déchausser en enlevant la terre qui se trouve autour des bulbes afin de hâter leur flétrissement. Vous les stockerez alors en cagettes, sans les entasser, dans un endroit balayé par un courant d'air. En bottes ou non, une bonne aération est la clé de la conservation de ces légumes.
- Au fur et à mesure des besoins, récoltez les pommes de terre précoces. N'oubliez pas qu'elles ne se conservent pas.
- Éclaircissez les carottes jusqu'à 10 cm. Ne laissez pas les plants arrachés sur place car ils risquent d'attirer la mouche.

⚠ Mercredi, ne jardinez plus après 19 h 20.

- Taillez les tiges de la glycine sur la moitié, voire les deux tiers de leur longueur. La glycine doit absolument être taillée chaque année afin d'assurer une bonne floraison, de conserver des formes et une esthétique harmonieuses. La glycine ne réclame pas de soins particuliers, même si elle préfère une terre profonde, un peu fraîche, et qu'elle réclame un emplacement bénéficiant d'un ensoleillement optimal.

- Taillez le lierre afin qu'il n'envahisse pas les gouttières. Vous pouvez tailler franchement : le lierre adore ça ! Contrairement à ce que l'on pense parfois, le lierre ne porte pas préjudice au mur qu'il recouvre. À condition que celui-ci soit suffisamment étanche pour interdire la pénétration des crampons végétaux. Au contraire, le feuillage dense et persistant du lierre peut jouer un rôle d'isolant naturel, protégeant le mur des vents froids et de la pluie.

- Plantez un plant de courgette pour l'arrière-saison. Pincez vos potirons, vos courges et vos melons.

Ne pas oublier : arrosez désormais plutôt le soir que le matin si le temps se met à la chaleur.

Date	Notes :	Météo :
Lundi 26 juin St Anthelme		Pluie : ...... mm Cumul : ...... mm °C mini : .... °C maxi : .... Pression : .... hPa Temps : ....
Mardi 27 juin St Fernand		Pluie : ...... mm Cumul : ...... mm °C mini : .... °C maxi : .... Pression : .... hPa Temps : ....
Mercredi 28 juin St Irénée		Pluie : ...... mm Cumul : ...... mm °C mini : .... °C maxi : .... Pression : .... hPa Temps : ....
Jeudi 29 juin Sts Pierre, Paul		Pluie : ...... mm Cumul : ...... mm °C mini : .... °C maxi : .... Pression : .... hPa Temps : ....
Vendredi 30 juin St Martial		Pluie : ...... mm Cumul : ...... mm °C mini : .... °C maxi : .... Pression : .... hPa Temps : ....
Samedi 1er juillet St Thierry		Pluie : ...... mm Cumul : ...... mm °C mini : .... °C maxi : .... Pression : .... hPa Temps : ....
Dimanche 2 juillet St Martinien		Pluie : ...... mm Cumul : ...... mm °C mini : .... °C maxi : .... Pression : .... hPa Temps : ....

« En juin trop de pluie, le jardinier s'ennuie. »

♈ Bélier ♉ Taureau ♊ Gémeaux ♋ Cancer ♌ Lion ♍ Vierge ♎ Balance ♏ Scorpion ♐ Sagittaire ♑ Capricorne ♒ Verseau ♓ Poissons

Date	Lune	Lever coucher	Jour	Zodiaque
Lundi 3 juillet	Pleine lune à 13 h 38 — lune montante (2 h 27)	22 h 45 / 5 h 05		♐
Mardi 4 juillet	lune montante	23 h 30 / 6 h 20		17 h 51 ♑
Mercredi 5 juillet	P à 0 h 25 — lune montante	- / 7 h 47		♑
Jeudi 6 juillet	lune montante	0 h 02 / 9 h 16		13 h 21 ♒
Vendredi 7 juillet	lune montante	0 h 26 / 10 h 44		♒
Samedi 8 juillet	lune montante	0 h 46 / 12 h 07		18 h 11 ♓
Dimanche 9 juillet	lune montante	1 h 03 / 13 h 28		♓

Travaux au jardin

- Greffez en écusson les arbres fruitiers. Choisissez le bon porte-greffe selon la nature du sol. Prélevez les greffons et mettez-les en place dans une incision en T réalisée sur un porte-greffe. La croissance du bourgeon n'interviendra qu'au printemps suivant.

- Pensez à tondre vos pelouses. Une bonne tonte régulière est l'un des facteurs qui permettent de conserver une pelouse en parfait état.

⚠ **Mercredi, ne jardinez pas avant 7 h 10.**

- Semez des radis d'hiver 'Rose de Chine' ou 'Violet de Gournay'. En terre profonde, et dans les régions bénéficiant d'un climat doux, vous pouvez aussi semer les radis asiatiques qui, en règle générale, ont une saveur plus douce, voire légèrement plus sucrée.

- Semez vos fleurs bisannuelles : œillets, giroflées… Semez aussi le lupin vivace. Maintenez le sol frais sans excès.
- En pépinière, semez les pâquerettes, les ancolies, les agastaches, les pensées et les lins.
- Dans les régions connaissant un climat frais, plantez les fraisiers. Dans les régions dont le climat est plus doux, vous pouvez attendre les premières pluies. Couvrez d'un filet pour protéger des oiseaux.

- Semez les premiers engrais verts (sarrasin, trèfle rampant ou moutarde) dans les planches débarrassées de leurs cultures. Le principe de l'engrais vert est d'enrichir et d'améliorer le sol en y apportant des plantes poussées sur place qui puisent dans le sol et l'atmosphère les éléments qui seront utiles aux cultures suivantes. Il protège aussi le sol et le travaille en profondeur via les racines.

Ne pas oublier : entretenez votre mobilier de jardin (table, chaises, chaises longues…).

Date	Notes :	Météo :
Lundi 3 juillet St Thomas		Pluie : …… mm Cumul : …… mm °C mini : …… °C maxi : …… Pression : …… hPa Temps : ……
Mardi 4 juillet St Florent		Pluie : …… mm Cumul : …… mm °C mini : …… °C maxi : …… Pression : …… hPa Temps : ……
Mercredi 5 juillet St Antoine		Pluie : …… mm Cumul : …… mm °C mini : …… °C maxi : …… Pression : …… hPa Temps : ……
Jeudi 6 juillet Ste Mariette		Pluie : …… mm Cumul : …… mm °C mini : …… °C maxi : …… Pression : …… hPa Temps : ……
Vendredi 7 juillet St Raoul		Pluie : …… mm Cumul : …… mm °C mini : …… °C maxi : …… Pression : …… hPa Temps : ……
Samedi 8 juillet St Thibault		Pluie : …… mm Cumul : …… mm °C mini : …… °C maxi : …… Pression : …… hPa Temps : ……
Dimanche 9 juillet Ste Amandine		Pluie : …… mm Cumul : …… mm °C mini : …… °C maxi : …… Pression : …… hPa Temps : ……

« Si le début juillet est pluvieux, le restant du mois sera douteux. »

♈ Bélier ♉ Taureau ♊ Gémeaux ♋ Cancer ♌ Lion ♍ Vierge ♎ Balance ♏ Scorpion ♐ Sagittaire ♑ Capricorne ♒ Verseau ♓ Poissons

Date	Lune	Lever coucher	Jour	Zodiaque	Travaux au jardin
Lundi 10 juillet	◗ à 3 h 47 (lune montante)	1 h 19 / 14 h 46		♓	Récoltez les aromatiques avant leur floraison. Procédez par beau temps, en milieu de journée, et en tout cas après l'évaporation de la rosée. Vous les ferez sécher dans l'obscurité, dans un endroit chaud, sec et bien aéré.
Mardi 11 juillet	NA à 3 h 22 (lune montante)	1 h 35 / 16 h 03		0 h 01 ♈	**Mardi, ne jardinez pas avant 8 h 25.** Greffez en écusson les arbres fruitiers. Choisissez le bon porte-greffe selon la nature du sol. Prélevez les greffons et mettez-les en place dans une incision en T réalisée sur un porte-greffe. La croissance du bourgeon n'interviendra qu'au printemps suivant. Essayez des greffes en écusson de pêchers, d'abricotiers et de pruniers. Taillez les poiriers et les pommiers.
Mercredi 12 juillet	(lune montante)	1 h 54 / 17 h 20			
Jeudi 13 juillet	(lune montante)	2 h 16 / 18 h 34		0 h 58 ♉	Pensez à tondre vos pelouses. Une bonne tonte régulière est l'un des facteurs permettant de conserver une pelouse en parfait état. Pour un résultat optimal, effectuez les tontes lorsque l'herbe est sèche. Vous tondrez de préférence lorsque l'herbe est 30 % plus haute que la taille conseillée. Les graminées de climat froid doivent être maintenues à 6 ou 7 cm tandis que celles de climat chaud peuvent être coupées en été à 2 ou 3 cm seulement. Tondez aussi dans des directions différentes à chaque tonte : une fois dans la longueur de la pelouse, une fois dans sa largeur. Cela évite la compaction du sol et aide l'herbe à pousser droit. Soulagez le stress hydrique des arbres fruitiers en arrosant au pied.
Vendredi 14 juillet	(lune montante)	2 h 44 / 19 h 45			
Samedi 15 juillet	(lune montante)	3 h 22 / 20 h 47			
Dimanche 16 juillet	4 h 37 (l. desc.)	4 h 09 / 21 h 38		20 h 13 ♊	Taillez les rosiers non remontants défleuris en éliminant les vieux rameaux, ainsi que ceux qui sont en surnombre au centre de la touffe. Supprimez les roses fanées des rosiers qui sont encore en fleurs. Divisez et replantez les grosses touffes d'iris. Plantez les bulbes d'automne.

Ne pas oublier : sortez vos plantes d'intérieur à l'exposition adaptée à chacune, à l'ombre pour les orchidées et au soleil pour les plantes grasses et les cactées.

Date	Notes :	Météo :
Lundi 10 juillet St Ulrich		Pluie : ...... mm Cumul : ...... mm °C mini : .... °C maxi : .... Pression : .... hPa Temps : ....
Mardi 11 juillet St Benoît		Pluie : ...... mm Cumul : ...... mm °C mini : .... °C maxi : .... Pression : .... hPa Temps : ....
Mercredi 12 juillet St Olivier		Pluie : ...... mm Cumul : ...... mm °C mini : .... °C maxi : .... Pression : .... hPa Temps : ....
Jeudi 13 juillet Sts Henri, Joël		Pluie : ...... mm Cumul : ...... mm °C mini : .... °C maxi : .... Pression : .... hPa Temps : ....
Vendredi 14 juillet Fête nationale		Pluie : ...... mm Cumul : ...... mm °C mini : .... °C maxi : .... Pression : .... hPa Temps : ....
Samedi 15 juillet St Donald		Pluie : ...... mm Cumul : ...... mm °C mini : .... °C maxi : .... Pression : .... hPa Temps : ....
Dimanche 16 juillet N.-D. du Mt Carmel		Pluie : ...... mm Cumul : ...... mm °C mini : .... °C maxi : .... Pression : .... hPa Temps : ....

« En juillet, sombre matinée n'empêche pas belle journée. »

♈ Bélier ♉ Taureau ♊ Gémeaux ♋ Cancer ♌ Lion ♍ Vierge ♎ Balance ♏ Scorpion ♐ Sagittaire ♑ Capricorne ♒ Verseau ♓ Poissons

Date	Lune	Lever / coucher	Jour	Zodiaque	Travaux au jardin
Lundi 17 juillet	à 20 h 31	5 h 07 / 22 h 17		♊	Taillez les rosiers non remontants défleuris en éliminant les vieux rameaux, ainsi que ceux qui sont en surnombre au centre de la touffe. Supprimez les roses fanées des rosiers qui sont encore en fleurs.
Mardi 18 juillet		6 h 12 / 22 h 47		1 h 21 ♋	Nettoyez les endroits envahis par la ronce et les chardons, en coupant au plus près du sol. Pour se débarrasser de manière écologique des chardons, évitez toute montée en graine, par des arrachages ou des fauchages successifs. Un fauchage sous la pluie permet à l'eau de pénétrer dans le trou de la tige : c'est généralement fatal aux chardons.
Mercredi 19 juillet		7 h 21 / 23 h 10		16 h 35 ♌	Dans le verger, taillez en vert les arbres fruitiers palissés. Taillez les pommiers conduits en cordon ou en U, ainsi que les poiriers palissés vigoureux. La taille en vert s'effectue lorsque les arbres fruitiers portent leurs feuilles et souvent des fruits. Elle est d'une grande utilité et facile à réaliser.
Jeudi 20 juillet	A à 8 h 56	8 h 30 / 23 h 28			⚠ **Jeudi, ne jardinez pas avant 14 h 00.**
Vendredi 21 juillet		9 h 39 / 23 h 43			Taillez légèrement vos cerisiers après leur production : ils produiront alors moins de gomme. Dans la fraiseraie, préparez et enrichissez le sol avant de planter de nouveaux fraisiers le mois prochain. Vous serez ainsi assuré d'obtenir une pleine production dès la première année d'exploitation. N'oubliez pas que les fraisiers ne restent que 3 ou 4 ans en place au même endroit.
Samedi 22 juillet		10 h 46 / 23 h 57		17 h 36 ♍	Si les plants de pommes de terre commencent à fleurir, commencez leur arrachage. Faites-les ressuyer quelques heures au soleil (quelques heures seulement afin d'éviter tout verdissement), laissez-les ensuite sécher dans des cagettes à l'ombre. Attendez une quinzaine de jours avant de les stocker. Il faut éviter de stocker les pommes de terre à même le sol.
Dimanche 23 juillet		11 h 53 / –			

Lune descendante

Ne pas oublier : pour préserver les espèces rares, commencez à recueillir les graines des fleurs.

Date	Notes :	Météo :
Lundi 17 juillet Ste Charlotte		Pluie : ...... mm Cumul : ...... mm °C mini : .... °C maxi : .... Pression : .... hPa Temps : ....
Mardi 18 juillet St Frédéric		Pluie : ...... mm Cumul : ...... mm °C mini : .... °C maxi : .... Pression : .... hPa Temps : ....
Mercredi 19 juillet St Arsène		Pluie : ...... mm Cumul : ...... mm °C mini : .... °C maxi : .... Pression : .... hPa Temps : ....
Jeudi 20 juillet Ste Marina		Pluie : ...... mm Cumul : ...... mm °C mini : .... °C maxi : .... Pression : .... hPa Temps : ....
Vendredi 21 juillet St Victor		Pluie : ...... mm Cumul : ...... mm °C mini : .... °C maxi : .... Pression : .... hPa Temps : ....
Samedi 22 juillet Ste M.-Madeleine		Pluie : ...... mm Cumul : ...... mm °C mini : .... °C maxi : .... Pression : .... hPa Temps : ....
Dimanche 23 juillet Ste Brigitte		Pluie : ...... mm Cumul : ...... mm °C mini : .... °C maxi : .... Pression : .... hPa Temps : ....

« Soleil de juillet donne la fortune. »

♈ Bélier ♉ Taureau ♊ Gémeaux ♋ Cancer ♌ Lion ♍ Vierge ♎ Balance ♏ Scorpion ♐ Sagittaire ♑ Capricorne ♒ Verseau ♓ Poissons

Date	Lune	Lever coucher	Jour	Zodiaque	Travaux au jardin
Lundi 24 juillet	lune descendante	13 h 00 0 h 09		♍	Commencez la récolte des oignons, des échalotes et de l'ail en les laissant ressuyer sur le sol pendant plusieurs jours avant de les stocker dans un endroit sec. Au fur et à mesure des besoins, récoltez les pommes de terre précoces. N'oubliez pas qu'elles ne se conservent pas. **⚠ Mardi, ne jardinez plus après 12 h 00.** Préparez pour vos semis d'oignons une parcelle non fumée récemment et n'ayant pas accueilli de légumineuse cette année.
Mardi 25 juillet	ND à 17 h 05	14 h 10 0 h 23			
Mercredi 26 juillet	☽ à 0 h 06	15 h 24 0 h 38		10 h 55 ♎	Installez les bulbes d'automne tels que crocus, colchique et cyclamen. Pour obtenir une plantation paraissant naturelle (pas trop régulière), jetez les bulbes à la volée et plantez-les à l'endroit où ils sont tombés. Divisez et replantez les grosses touffes d'iris. L'iris ne demande généralement pas d'engrais lorsqu'il est installé dans une bonne terre de jardin. Un apport de compost conserve cependant toute son utilité.
Jeudi 27 juillet		16 h 42 0 h 57			
Vendredi 28 juillet		18 h 02 1 h 22		2 h 20 ♏	Éclaircissez les laitues, les scaroles et les chicorées. Si ces dernières sont suffisamment avancées, blanchissez-les en les couvrant d'un pot ou d'une cloche opaque pendant une dizaine de jours au maximum. Ceci atténuera quelque peu leur amertume.
Samedi 29 juillet		19 h 20 1 h 56			
Dimanche 30 juillet	13h14 l. m.	20 h 28 2 h 44		0 h 20 ♐	En lune descendante et en climat frais, plantez vos fraisiers. Dans les régions bénéficiant d'un climat plus doux, vous pouvez attendre les premières pluies. Ne raccourcissez ni les feuillages, ni les racines. Pralinez plutôt les racines.

Ne pas oublier : sur les balcons et les terrasses, arrosez une fois par jour, de préférence en soirée.

Date	Notes :	Météo :
Lundi 24 juillet Ste Christine		Pluie : ...... mm Cumul : ...... mm °C mini : .... °C maxi : .... Pression : .... hPa Temps : ....
Mardi 25 juillet St Jacques		Pluie : ...... mm Cumul : ...... mm °C mini : .... °C maxi : .... Pression : .... hPa Temps : ....
Mercredi 26 juillet Sts Anne, Joachim		Pluie : ...... mm Cumul : ...... mm °C mini : .... °C maxi : .... Pression : .... hPa Temps : ....
Jeudi 27 juillet Ste Nathalie		Pluie : ...... mm Cumul : ...... mm °C mini : .... °C maxi : .... Pression : .... hPa Temps : ....
Vendredi 28 juillet St Samson		Pluie : ...... mm Cumul : ...... mm °C mini : .... °C maxi : .... Pression : .... hPa Temps : ....
Samedi 29 juillet Ste Marthe		Pluie : ...... mm Cumul : ...... mm °C mini : .... °C maxi : .... Pression : .... hPa Temps : ....
Dimanche 30 juillet Ste Juliette		Pluie : ...... mm Cumul : ...... mm °C mini : .... °C maxi : .... Pression : .... hPa Temps : ....

« Juillet sans orage, famine au village. »

♈ Bélier ♉ Taureau ♊ Gémeaux ♋ Cancer ♌ Lion ♍ Vierge ♎ Balance ♏ Scorpion ♐ Sagittaire ♑ Capricorne ♒ Verseau ♓ Poissons

Date	Lune	Lever coucher	Jour	Zodiaque	Travaux au jardin
Lundi 31 juillet	lune montante	21 h 21 / 3 h 51		♐	Greffez en écusson les pommiers, les poiriers, les cerisiers, les pêchers, les pruniers et les abricotiers. Prélevez les greffons sans abîmer les yeux, conservez un morceau du pétiole. Glissez les greffons dans une incision en T et ligaturez avec du raphia.
Mardi 1er août	○ à 20 h 31	21 h 59 / 5 h 14		4 h 40 ♑	Semez des oignons blancs que vous repiquerez dans le courant du mois d'octobre afin de les consommer en mars ou en avril prochains. Dans le Midi, vous pouvez aussi semer des oignons de couleur. L'oignon craint l'humidité : plantez-le sur butte afin de faciliter le drainage du sol. Ne semez ni ne repiquez des oignons près des plantes demandant des arrosages.
Mercredi 2 août	P à 7 h 52	22 h 27 / 6 h 44			⚠ **Mercredi, ne jardinez pas avant 13 h 00.**
Jeudi 3 août		22 h 49 / 8 h 15		23 h 09 ♒	Marcottez les plantes grimpantes telles que le chèvrefeuille. Le marcottage est une technique de multiplication relativement simple à réaliser et qui peut être appliquée à un assez grand nombre d'arbres et d'arbustes : vigne vierge, jasmin d'hiver, glycine, viorne, forsythia, magnolia, clématite…
Vendredi 4 août		23 h 07 / 9 h 44			
Samedi 5 août		23 h 24 / 11 h 08		1 h 48 ♓	Taillez les haies de thuyas. Élargissez plus le bas que le sommet. Si aucune taille n'est effectuée, le thuya peut atteindre jusqu'à une vingtaine de mètres de haut. Il se caractérise alors par une forme conique. Pour votre haie de thuyas, vous devez choisir la hauteur de taille et l'épaisseur que vous désirez. Une bonne taille effectuée au mois d'août garantit une croissance parfaitement maîtrisée du végétal car c'est à ce moment que la sève descend. Une taille de printemps s'effectue plutôt en sève montante et accélère donc la croissance de l'arbre.
Dimanche 6 août		23 h 40 / 12 h 30			

Ne pas oublier : pendant les périodes les plus chaudes, vaporisez chaque jour un peu d'eau tiède sur les plantes d'intérieur.

Date	Notes :	Météo :
Lundi 31 juillet St I. de Loyola		Pluie : …… mm Cumul : …… mm °C mini : …… °C maxi : …… Pression : …… hPa Temps : ……
Mardi 1er août St Alphonse		Pluie : …… mm Cumul : …… mm °C mini : …… °C maxi : …… Pression : …… hPa Temps : ……
Mercredi 2 août St Julien-Eymard		Pluie : …… mm Cumul : …… mm °C mini : …… °C maxi : …… Pression : …… hPa Temps : ……
Jeudi 3 août Ste Lydie		Pluie : …… mm Cumul : …… mm °C mini : …… °C maxi : …… Pression : …… hPa Temps : ……
Vendredi 4 août St J.-M. Vianney		Pluie : …… mm Cumul : …… mm °C mini : …… °C maxi : …… Pression : …… hPa Temps : ……
Samedi 5 août St Abel		Pluie : …… mm Cumul : …… mm °C mini : …… °C maxi : …… Pression : …… hPa Temps : ……
Dimanche 6 août Transfiguration		Pluie : …… mm Cumul : …… mm °C mini : …… °C maxi : …… Pression : …… hPa Temps : ……

« En août, de l'aube au soir, on n'a qu'une heure pour s'asseoir. »

♈ Bélier ♉ Taureau ♊ Gémeaux ♋ Cancer ♌ Lion ♍ Vierge ♎ Balance ♏ Scorpion ♐ Sagittaire ♑ Capricorne ♒ Verseau ♓ Poissons

Date	Lune	Lever coucher	Jour	Zodiaque
Lundi 7 août	NA à 4 h 45 – lune montante	23 h 58 / 13 h 50		6 h 44 ♈
Mardi 8 août	à 12 h 28 – lune montante	– / 15 h 09		
Mercredi 9 août	lune montante	0 h 19 / 16 h 25		6 h 49 ♉
Jeudi 10 août	lune montante	0 h 46 / 17 h 38		
Vendredi 11 août	lune montante	1 h 21 / 18 h 43		
Samedi 12 août	9h34 – lune descendante	2 h 05 / 19 h 37		1 h 53 ♊
Dimanche 13 août	lune descendante	3 h 00 / 20 h 19		

Travaux au jardin

⚠ Lundi, ne jardinez pas avant 9 h 45.

- Dans le Midi, semez des haricots nains qui profiteront des pluies de fin d'été et pourront donner en octobre, quand les températures sont encore élevées.
- Récoltez les haricots à écosser, à consommer frais ou à faire sécher. Liez en bottes, suspendez dans un local ventilé.
- Cueillez les fraises et les framboises.
- Greffez en écusson toutes sortes de fruitiers. Ce type de greffe, le plus facile, réussit bien par temps couvert.

- Dans les régions qui bénéficient d'un climat doux, tentez un semis d'oignons blancs. Ils seront à repiquer dans le courant du mois d'octobre, pour une consommation prévue au début du printemps prochain. Vous pouvez aussi semer des oignons de couleur. Semez serré pour obtenir des bulbilles de petite taille qui risquent moins de monter en graine.
- Dans les régions bénéficiant d'un climat doux, semez les oignons blancs 'Hâtif de Paris', 'Printanier parisien', 'de Vaugirard'. Vous pouvez aussi semer les oignons jaunes 'Paille des vertus' et 'Espagnol'. Enfin, il est encore possible de semer les oignons rouges 'de Florence', 'de Brunswick', 'Pâle de Niort'. Vous les sèmerez en pépinière, en rangs espacés de 20 à 30 cm. Vous éclaircirez les jeunes plants tous les 5 cm.

- Faites vos boutures de pélargoniums en prélevant des tronçons feuillés de 10 cm de long. Plantez en godet, sous abri, en arrosant régulièrement.
- Marcottez des plantes grimpantes comme le chèvrefeuille.
- Nettoyez vos vivaces en coupant les tiges des fleurs fanées.
- Arrosez et renouvelez le paillage des massifs de plantes à fleurs.

Ne pas oublier : c'est le moment de tuteurer les hautes tiges fleuries pour leur permettre de mieux résister aux orages.

Date	Notes :	Météo :
Lundi 7 août St Gaétan		Pluie : ...... mm Cumul : ...... mm °C mini : ...... °C maxi : ...... Pression : ...... hPa Temps : ......
Mardi 8 août St Dominique		Pluie : ...... mm Cumul : ...... mm °C mini : ...... °C maxi : ...... Pression : ...... hPa Temps : ......
Mercredi 9 août St Amour		Pluie : ...... mm Cumul : ...... mm °C mini : ...... °C maxi : ...... Pression : ...... hPa Temps : ......
Jeudi 10 août St Laurent		Pluie : ...... mm Cumul : ...... mm °C mini : ...... °C maxi : ...... Pression : ...... hPa Temps : ......
Vendredi 11 août Ste Claire		Pluie : ...... mm Cumul : ...... mm °C mini : ...... °C maxi : ...... Pression : ...... hPa Temps : ......
Samedi 12 août Ste Clarisse		Pluie : ...... mm Cumul : ...... mm °C mini : ...... °C maxi : ...... Pression : ...... hPa Temps : ......
Dimanche 13 août St Hippolyte		Pluie : ...... mm Cumul : ...... mm °C mini : ...... °C maxi : ...... Pression : ...... hPa Temps : ......

« Chaleur d'août, c'est du bien partout. »

♈ Bélier ♉ Taureau ♊ Gémeaux ♋ Cancer ♌ Lion ♍ Vierge ♎ Balance ♏ Scorpion ♐ Sagittaire ♑ Capricorne ♒ Verseau ♓ Poissons

Date	Lune	Lever / coucher	Jour	Zodiaque	Travaux au jardin
Lundi 14 août	lune descendante	4 h 03 / 20 h 51		♊ — 7 h 15 — ♋	Arrosez et renouvelez le paillage des massifs de plantes à fleurs. Si vous envisagez de semer une nouvelle pelouse, c'est le moment de préparer le sol : bêchez, affinez la terre et aplanissez. Laissez germer les mauvaises herbes que vous éliminerez au début du mois de septembre, juste avant d'effectuer les semis de gazon.
Mardi 15 août	lune descendante	5 h 11 / 21 h 16		♋ — 22 h 38 — ♌	
Mercredi 16 août	à 11 h 38 (pleine lune) A à 13 h 54 lune descendante	6 h 20 / 21 h 35		♌	**Mercredi, ne jardinez pas entre 8 h 50 et 19 h.** Plantez les fraisiers. Hydratez les mottes avant de dépoter les plants ou pralinez les racines s'ils sont à racines nues. Installez-les dans des trous préalablement enrichis de compost (un compost d'origine forestière est idéal), sans enterrer le collet. Tassez et arrosez généreusement. Après la récolte, taillez les abricotiers et les pêchers : les rameaux ayant fructifié ne donneront plus de fruits. Coupez-les après les deux rameaux de remplacement de la base qui fructifieront l'an prochain. Taillez les framboisiers non remontants : coupez au ras du sol les cannes qui ont fructifié.
Jeudi 17 août	lune descendante	7 h 29 / 21 h 50		♌	
Vendredi 18 août	lune descendante	8 h 37 / 22 h 04		♌ — 23 h 43 — ♍	
Samedi 19 août	lune descendante	9 h 44 / 22 h 17		♍	Pour rénover les parties abîmées de la pelouse, apportez-leur du fumier ou de la tourbe. Semez, roulez et arrosez. Si les plants ont fleuri, vous pouvez arracher les pommes de terre de conservation qui doivent se détacher facilement. Laissez-les ressuyer pendant quelques heures au soleil avant de les mettre en cagettes à l'abri de la lumière. Arrachez ail, oignon et échalote en les laissant ressuyer à même le sol et au soleil, à l'exception de l'ail qui doit sécher à l'ombre pour rester bien blanc.
Dimanche 20 août	lune descendante	10 h 51 / 22 h 30		♍	

Ne pas oublier : coupez les fleurs fanées pour prolonger la durée de vos massifs de fleurs.

Date	Notes :	Météo :
Lundi 14 août St Évrard		Pluie : ...... mm Cumul : ...... mm °C mini : .... °C maxi : .... Pression : .... hPa Temps : ....
Mardi 15 août Assomption		Pluie : ...... mm Cumul : ...... mm °C mini : .... °C maxi : .... Pression : .... hPa Temps : ....
Mercredi 16 août St Armel		Pluie : ...... mm Cumul : ...... mm °C mini : .... °C maxi : .... Pression : .... hPa Temps : ....
Jeudi 17 août St Hyacinthe		Pluie : ...... mm Cumul : ...... mm °C mini : .... °C maxi : .... Pression : .... hPa Temps : ....
Vendredi 18 août Ste Hélène		Pluie : ...... mm Cumul : ...... mm °C mini : .... °C maxi : .... Pression : .... hPa Temps : ....
Samedi 19 août St Jean-Eudes		Pluie : ...... mm Cumul : ...... mm °C mini : .... °C maxi : .... Pression : .... hPa Temps : ....
Dimanche 20 août St Bernard		Pluie : ...... mm Cumul : ...... mm °C mini : .... °C maxi : .... Pression : .... hPa Temps : ....

« C'est le mois d'août qui donne le bon goût. »

♈ Bélier ♉ Taureau ♊ Gémeaux ♋ Cancer ♌ Lion ♍ Vierge ♎ Balance ♏ Scorpion ♐ Sagittaire ♑ Capricorne ♒ Verseau ♓ Poissons

Date	Lune	Lever / coucher	Zodiaque
Lundi 21 août	ND à 18 h 22 — lune descendante	12 h 00 / 22 h 44	♍
Mardi 22 août	lune descendante	13 h 11 / 23 h 01	17 h 48 ♎
Mercredi 23 août	lune descendante	14 h 25 / 23 h 22	♎
Jeudi 24 août	à 11 h 57 — lune descendante	15 h 43 / 23 h 51	10 h 09 ♏
Vendredi 25 août	lune descendante	17 h 00 / –	♏
Samedi 26 août	22 h 18 L. montante	18 h 11 / 0 h 31	9 h 32 ♐
Dimanche 27 août	L. montante	19 h 09 / 1 h 28	♐

Travaux au jardin

⚠ Lundi, ne jardinez plus après 13 h 20.

- Préparez le sol pour les futurs semis d'oignons, sur une parcelle non fumée récemment et n'ayant pas accueilli de légumineuses cette année.
- Vous pouvez tenter un semis d'oignons blancs. Ils seront à repiquer au mois d'octobre, pour une consommation prévue au début du printemps prochain.

- Taillez la lavande en réduisant un peu le feuillage. Cette taille ne doit être réalisée que sur du bois comportant encore du feuillage. Si vous taillez sur du bois sec, cela ne repoussera pas. Coupées, les fleurs de lavande pourront parfumer linge, armoires et penderies.
- Taillez les rosiers non remontants de variétés anciennes, en réduisant d'un bon tiers les rameaux défleuris.
- Poursuivez la plantation des bulbes à floraison automnale : crocus, cyclamen, colchique…

- Si vous envisagez de semer une nouvelle pelouse, c'est le moment de préparer le sol : bêchez, affinez la terre et aplanissez. Laissez germer les mauvaises herbes à éliminer au début septembre, juste avant d'effectuer les semis de gazon.
- Taillez les troènes, les fusains et les autres arbustes persistants. Taillez aussi les topiaires de buis et d'if. Vous pouvez en profiter pour faire des boutures de ces persistants.
- C'est à cette période que le débroussaillage est le plus efficace pour éviter la propagation des ronces et des épines noires.

- En lune descendante, effeuillez les pommiers et les poiriers pour que le soleil atteigne plus facilement les fruits.
- En lune montante, cueillez les poires d'été qui ont viré au jaune. Pour hâter le mûrissement des poires vertes, placez-les dans un endroit sombre à l'abri des courants d'air. Surveillez ce mûrissement de très près car les poires blettissent très vite.

Ne pas oublier : c'est le bon moment pour rempoter vos plantes d'intérieur.

Date	Notes :	Météo :
Lundi 21 août St Christophe		Pluie : ...... mm Cumul : ...... mm °C mini : .... °C maxi : .... Pression : .... hPa Temps : ....
Mardi 22 août St Fabrice		Pluie : ...... mm Cumul : ...... mm °C mini : .... °C maxi : .... Pression : .... hPa Temps : ....
Mercredi 23 août Ste Rose de Lima		Pluie : ...... mm Cumul : ...... mm °C mini : .... °C maxi : .... Pression : .... hPa Temps : ....
Jeudi 24 août St Barthélemy		Pluie : ...... mm Cumul : ...... mm °C mini : .... °C maxi : .... Pression : .... hPa Temps : ....
Vendredi 25 août St Louis		Pluie : ...... mm Cumul : ...... mm °C mini : .... °C maxi : .... Pression : .... hPa Temps : ....
Samedi 26 août Ste Natacha		Pluie : ...... mm Cumul : ...... mm °C mini : .... °C maxi : .... Pression : .... hPa Temps : ....
Dimanche 27 août Ste Monique		Pluie : ...... mm Cumul : ...... mm °C mini : .... °C maxi : .... Pression : .... hPa Temps : ....

« Quand il pleut au mois d'août, les truffes sont au bout. »

♈ Bélier ♉ Taureau ♊ Gémeaux ♋ Cancer ♌ Lion ♍ Vierge ♎ Balance ♏ Scorpion ♐ Sagittaire ♑ Capricorne ♒ Verseau ♓ Poissons

Date	Lune	Lever / coucher
Lundi 28 août	lune montante	19 h 53 / 2 h 41
Mardi 29 août	lune montante	20 h 25 / 4 h 08
Mercredi 30 août	P à 17 h 54	20 h 49 / 5 h 40
Jeudi 31 août	à 3 h 35	21 h 09 / 7 h 11
Vendredi 1er septembre	lune montante	21 h 27 / 8 h 38
Samedi 2 septembre	lune montante	21 h 43 / 10 h 04
Dimanche 3 septembre	NA à 9 h 43	22 h 01 / 11 h 28

Zodiaque	Travaux au jardin
♐	Greffez en écusson les pommiers, les poiriers, les pruniers et les cerisiers. Cette greffe est la plus utilisée en juillet et en août.
14 h 50 ♑	Dans les régions qui bénéficient d'un climat doux, semez les oignons blancs 'de Vaugirard', 'Hâtif de Paris', 'Printanier parisien'. Vous pouvez aussi semer les oignons jaunes 'Paille des vertus' et 'Espagnol'. Il est encore possible de semer les oignons rouges 'de Florence', 'de Brunswick', 'Pâle de Niort'. Vous les sèmerez en pépinière, en rangs espacés de 20 à 30 cm. Vous éclaircirez les jeunes plants tous les 5 cm. N'oubliez pas de désherber et de bêcher autour des arbres fruitiers.
10 h 01 ♒	**Mercredi, ne jardinez pas après 13 h 30.** Semez de la valériane. La plante supporte bien les sols pauvres, secs et caillouteux. Elle se plaît sur un muret de pierres sèches, dans une rocaille ou sur un talus sec difficile d'accès. Une fois installée, vous pourrez l'oublier : la plante ne nécessite aucun entretien et pas plus d'arrosage. Après la première floraison, il faut rabattre les tiges de moitié pour encourager une remontée. La valériane se ressème facilement toute seule au point qu'elle peut parfois devenir envahissante.
11 h 36 ♓	C'est le moment de semer le gazon. Débarrassez le sol de tous les éléments indésirables : racines, cailloux, pierres, herbes… Labourez sur 20 à 30 cm. Brisez les mottes, griffez et ratissez pour obtenir une surface plane et homogène. En vous aidant d'un rouleau lourd, tassez le sol afin que les graines ne s'enfoncent pas trop profondément. Semez le mélange de graines choisi. Ratissez afin d'enfouir légèrement les graines, puis tassez une nouvelle fois. Arrosez ensuite en une pluie très fine. Environ un mois plus tard, roulez à nouveau pour améliorer l'enracinement.
15 h 31 ♈	**Dimanche, ne jardinez pas avant 14 h 45.**

Ne pas oublier : arrosez vos plantes de balcon et vos suspensions.

Date	Notes :	Météo :
Lundi 28 août St Augustin		Pluie : ...... mm Cumul : ...... mm °C mini : ...... °C maxi : ...... Pression : ...... hPa Temps : ......
Mardi 29 août Ste Sabine		Pluie : ...... mm Cumul : ...... mm °C mini : ...... °C maxi : ...... Pression : ...... hPa Temps : ......
Mercredi 30 août St Fiacre		Pluie : ...... mm Cumul : ...... mm °C mini : ...... °C maxi : ...... Pression : ...... hPa Temps : ......
Jeudi 31 août St Aristide		Pluie : ...... mm Cumul : ...... mm °C mini : ...... °C maxi : ...... Pression : ...... hPa Temps : ......
Vendredi 1er septembre St Gilles		Pluie : ...... mm Cumul : ...... mm °C mini : ...... °C maxi : ...... Pression : ...... hPa Temps : ......
Samedi 2 septembre Ste Ingrid		Pluie : ...... mm Cumul : ...... mm °C mini : ...... °C maxi : ...... Pression : ...... hPa Temps : ......
Dimanche 3 septembre St Grégoire		Pluie : ...... mm Cumul : ...... mm °C mini : ...... °C maxi : ...... Pression : ...... hPa Temps : ......

« Temps trop beau en août annonce hiver en courroux. »

♈ Bélier ♉ Taureau ♊ Gémeaux ♋ Cancer ♌ Lion ♍ Vierge ♎ Balance ♏ Scorpion ♐ Sagittaire ♑ Capricorne ♒ Verseau ♓ Poissons

Date	Lune	Lever / coucher	Jour	Zodiaque	Travaux au jardin
Lundi 4 septembre	lune montante	22 h 21 / 12 h 50		♈	Coupez les feuilles proches des grappes de raisin afin de favoriser leur maturité. Récoltez les pommes et les poires d'automne qui, malheureusement, se conservent peu. Cueillez maintenant les fraises et les framboises. Bouturez les géraniums et les fuchsias. Mettez tous les débris végétaux sains au compost.
Mardi 5 septembre	lune montante	22 h 46 / 14 h 10		14 h 09 ♉	Semez des radis de tous les mois, de même que les derniers radis d'hiver, en espaçant les rangs de 20 à 30 cm. Après la levée, vous ne conserverez qu'un seul plant tous les 10 à 15cm. Dans les régions qui bénéficient d'un climat doux, semez des navets, en lignes espacées d'une vingtaine de centimètres. Maintenez le sol humide jusqu'à la levée. Vous les récolterez dans le courant de l'automne. Choisissez des variétés qui résistent bien au froid : 'Jaune boule d'or', 'de Bency', 'Blanc dur d'hiver'. En lignes espacées d'une vingtaine de centimètres, semez les poireaux « baguettes » en veillant à bien disperser les graines. Après la levée, éclaircissez en conservant un plant tous les 5 cm. Ils se récolteront au mois de mai. Choisissez de préférence une variété rustique telle que 'bleu de Solaize'.
Mercredi 6 septembre	lune montante	23 h 19 / 15 h 27			
Jeudi 7 septembre	à 0 h 21 (premier quartier) — lune montante	24 h 00 / 16 h 36			
Vendredi 8 septembre	lune montante jusqu'à 15 h 13, puis lune descendante	- / 17 h 35			
Samedi 9 septembre	lune descendante	0 h 52 / 18 h 20		0 h 56 ♊	Taillez légèrement la lavande. La lavande est aussi très utile pour ceux qui privilégient des méthodes thérapeutiques douces. Repiquez des pensées et des pâquerettes en bordure de vos massifs à fleurs. Il est temps d'installer les vivaces vendues en godets ou de repiquer celles que vous aviez semées au mois de juillet dernier.
Dimanche 10 septembre	lune descendante	1 h 53 / 18 h 55		13 h 12 ♋	Bouturez les arbustes à feuillage persistant (laurier palme, berbéris aucuba…).

Ne pas oublier : choisissez dès maintenant vos bulbes d'automne.

Date	Notes :	Météo :
Lundi 4 septembre Ste Rosalie		Pluie : ...... mm Cumul : ...... mm °C mini : .... °C maxi : .... Pression : .... hPa Temps : ....
Mardi 5 septembre Ste Raïssa		Pluie : ...... mm Cumul : ...... mm °C mini : .... °C maxi : .... Pression : .... hPa Temps : ....
Mercredi 6 septembre St Bertrand		Pluie : ...... mm Cumul : ...... mm °C mini : .... °C maxi : .... Pression : .... hPa Temps : ....
Jeudi 7 septembre Ste Reine		Pluie : ...... mm Cumul : ...... mm °C mini : .... °C maxi : .... Pression : .... hPa Temps : ....
Vendredi 8 septembre St Adrien		Pluie : ...... mm Cumul : ...... mm °C mini : .... °C maxi : .... Pression : .... hPa Temps : ....
Samedi 9 septembre St Alain		Pluie : ...... mm Cumul : ...... mm °C mini : .... °C maxi : .... Pression : .... hPa Temps : ....
Dimanche 10 septembre Ste Inès		Pluie : ...... mm Cumul : ...... mm °C mini : .... °C maxi : .... Pression : .... hPa Temps : ....

« Septembre se nomme le mai de l'automne. »

♈ Bélier ♉ Taureau ♊ Gémeaux ♋ Cancer ♌ Lion ♍ Vierge ♎ Balance ♏ Scorpion ♐ Sagittaire ♑ Capricorne ♒ Verseau ♓ Poissons

Date	Lune	Lever coucher	Jour	Zodiaque	Travaux au jardin
Lundi 11 septembre	Lune descendante	3 h 00 / 19 h 21		♋	Taillez les haies d'arbustes persistants, les bordures de buis ainsi que les topiaires. Après un éventuel broyage, vous pouvez vous en servir pour pailler des allées : ce mulch se décompose très lentement et possède des vertus herbicides.
Mardi 12 septembre	A à 17 h 42	4 h 10 / 19 h 42		4 h 39 ♌	**Mardi, ne jardinez plus après 12 h 40.** Installez les petits fruits vendus en conteneur : groseilliers, framboisiers, cassissiers… Dépotez et laissez la motte dans l'eau pendant au moins une trentaine de minutes afin qu'elle s'humidifie correctement. Creusez un trou un peu plus large que la motte : cela facilitera la progression des racines. Tassez légèrement et arrosez. Rajeunissez les arbustes à petits fruits qui ont tendance à vieillir rapidement en aérant le centre des touffes. Récoltez les pommes et les poires précoces qui blettissent vite. Vous les laisserez prendre couleur à la maison, dans un lieu plutôt sombre. Après les dernières récoltes, taillez les abricotiers et les pêchers. Coupez-les près de leur base, au-dessus des deux rameaux de remplacement qui fructifieront l'année prochaine.
Mercredi 13 septembre		5 h 19 / 19 h 58			
Jeudi 14 septembre		6 h 27 / 20 h 12			
Vendredi 15 septembre	à 3 h 39	7 h 35 / 20 h 25		5 h 41 ♍	Repiquez des oignons blancs assez développés. Laissez grossir les autres. Rajeunissez le feuillage et les radicelles. Installez-les sur une planche bien exposée et surélevée pour éviter la pourriture due à l'humidité. Ne les arrosez pas. Selon vos besoins, arrachez les carottes, les betteraves, les céleris raves, les navets et les radis d'automne. Consommez-les rapidement pour profiter pleinement de leurs vitamines. Récoltez les betteraves, les poireaux, les carottes, les navets et les panais. Pour les conserver durant l'hiver, arrachez les racines et laissez ressuyer pendant une journée au potager. Coupez les fanes et conservez les racines en cave ou en silo dans du sable sec. **Dimanche, ne jardinez plus après 16 h 15.**
Samedi 16 septembre		8 h 43 / 20 h 38			
Dimanche 17 septembre	ND à 21 h 17	9 h 51 / 20 h 51			

Ne pas oublier : rempotez vos plantes d'intérieur.

Date	Notes :	Météo :
Lundi 11 septembre St Adelphe		Pluie : ...... mm Cumul : ...... mm °C mini : .... °C maxi : .... Pression : .... hPa Temps : ....
Mardi 12 septembre St Apollinaire		Pluie : ...... mm Cumul : ...... mm °C mini : .... °C maxi : .... Pression : .... hPa Temps : ....
Mercredi 13 septembre St Aimé		Pluie : ...... mm Cumul : ...... mm °C mini : .... °C maxi : .... Pression : .... hPa Temps : ....
Jeudi 14 septembre St Materne		Pluie : ...... mm Cumul : ...... mm °C mini : .... °C maxi : .... Pression : .... hPa Temps : ....
Vendredi 15 septembre St Roland		Pluie : ...... mm Cumul : ...... mm °C mini : .... °C maxi : .... Pression : .... hPa Temps : ....
Samedi 16 septembre Ste Edith		Pluie : ...... mm Cumul : ...... mm °C mini : .... °C maxi : .... Pression : .... hPa Temps : ....
Dimanche 17 septembre St Renaud		Pluie : ...... mm Cumul : ...... mm °C mini : .... °C maxi : .... Pression : .... hPa Temps : ....

« Septembre nous produit le plus délectable des fruits. »

♈ Bélier ♉ Taureau ♊ Gémeaux ♋ Cancer ♌ Lion ♍ Vierge ♎ Balance ♏ Scorpion ♐ Sagittaire ♑ Capricorne ♒ Verseau ♓ Poissons

Date	Lune	Lever coucher	Jour	Zodiaque	Travaux au jardin
Lundi 18 septembre	lune descendante	11 h 02 / 21 h 07		♍ (jusqu'à 23 h 31)	Pour rénover les parties abîmées de la pelouse, apportez-leur de la tourbe ou du fumier. Semez, roulez et arrosez. Une pelouse étant un investissement à long terme, privilégiez la qualité des semences.
Mardi 19 septembre	lune descendante	12 h 15 / 21 h 26		23 h 31 ♎	Commencez la plantation des bulbes à floraison printanière, comme les narcisses, les perce-neige et les crocus d'hiver. Pour ces derniers comme pour les perce-neige, plantez-en plusieurs dizaines pour obtenir un effet de masse naturel. Plantez des bleuets en bordure de votre potager : ils attireront efficacement les insectes auxiliaires.
Mercredi 20 septembre	lune descendante	13 h 32 / 21 h 52		16 h 12 ♏	Arrachez les ronces et les pruneliers. Éliminez les drageons et les gourmands des arbres fruitiers en grattant le sol avant de couper bien à ras.
Jeudi 21 septembre	lune descendante	14 h 48 / 22 h 26		♏	Taillez les aromates (thym, sauge, menthe…) et divisez les vieilles touffes. Vous pouvez commencer la plantation des conifères et celle des arbustes de terre de bruyère. Bouturez des persistants en situation abritée, de préférence dans des pots individuels de manière à pouvoir les protéger des gelées hivernales.
Vendredi 22 septembre	lune descendante jusqu'à 5 h 35 ; premier quartier à 21 h 31	16 h 00 / 23 h 15		16 h 37 ♐	En lune descendante, essayez des boutures de framboisiers. Arrachez un pied en veillant à conserver les racines et un maximum de chevelu. Faites-en des tronçons de 10 cm de long à planter en sol léger et au chaud, en arrosant régulièrement. Vous pourrez les replanter au cours du prochain printemps.
Samedi 23 septembre Équinoxe	lune montante	17 h 01 / -		♐	En lune montante, récoltez les pommes et les poires d'automne qui se conservent peu.
Dimanche 24 septembre	lune montante	17 h 49 / 0 h 20		♐ (jusqu'à 23 h 42)	Récoltez les potirons avant qu'ils ne soient atteints de tavelure (caractérisée par des taches brunes). Laissez-les finir de mûrir au frais dans un endroit un peu sombre.

Ne pas oublier : septembre est le mois idéal pour les binages à faire de préférence après une légère pluie ou un arrosage.

Date	Notes :	Météo :
Lundi 18 septembre Ste Nadège		Pluie : ...... mm Cumul : ...... mm °C mini : .... °C maxi : .... Pression : .... hPa Temps : ....
Mardi 19 septembre Ste Émilie		Pluie : ...... mm Cumul : ...... mm °C mini : .... °C maxi : .... Pression : .... hPa Temps : ....
Mercredi 20 septembre St Davy		Pluie : ...... mm Cumul : ...... mm °C mini : .... °C maxi : .... Pression : .... hPa Temps : ....
Jeudi 21 septembre St Matthieu		Pluie : ...... mm Cumul : ...... mm °C mini : .... °C maxi : .... Pression : .... hPa Temps : ....
Vendredi 22 septembre St Maurice		Pluie : ...... mm Cumul : ...... mm °C mini : .... °C maxi : .... Pression : .... hPa Temps : ....
Samedi 23 septembre Automne		Pluie : ...... mm Cumul : ...... mm °C mini : .... °C maxi : .... Pression : .... hPa Temps : ....
Dimanche 24 septembre Ste Thècle		Pluie : ...... mm Cumul : ...... mm °C mini : .... °C maxi : .... Pression : .... hPa Temps : ....

« Automne en fleurs, hiver plein de rigueur. »

♈ Bélier ♉ Taureau ♊ Gémeaux ♋ Cancer ♌ Lion ♍ Vierge ♎ Balance ♏ Scorpion ♐ Sagittaire ♑ Capricorne ♒ Verseau ♓ Poissons

Date	Lune	Lever coucher	Jour	Zodiaque	Travaux au jardin
Lundi 25 septembre	▲ lune montante	18 h 24 / 1 h 40		♑	Semez des poireaux « baguette » en rangs espacés d'une vingtaine de centimètres et en veillant à bien disperser les graines. Après la levée, éclaircissez à 5 cm. Les poireaux « baguette », également connus sous le nom de « poireaux de printemps », ne se repiquent pas. La récolte est prévue au mois de mai prochain. Attention à leurs principaux ravageurs : la mineuse et le ver du poireau.
Mardi 26 septembre	▲ lune montante	18 h 50 / 3 h 07		20 h 13	
Mercredi 27 septembre	▲ lune montante	19 h 11 / 4 h 36		♒	Pratiquez l'écussonnage des églantiers afin de multiplier vos rosiers. Nettoyez la zone à greffer en supprimant les feuilles et les épines. Faites une incision en forme de T dans le porte-greffe. Prélevez un rameau de la variété à multiplier sur une pousse de l'année. Sur ce rameau, à l'aisselle des feuilles, découpez l'écusson autour du bourgeon. Décollez délicatement le bois de l'écussion. Insérez cet écusson dans l'incision en T du porte-greffe.
Jeudi 28 septembre	▲ P à 2 h 58 lune montante	19 h 29 / 6 h 05		22 h 26	⚠ **Jeudi, ne jardinez avant 8 h 00.**
Vendredi 29 septembre	▲ ○ à 11 h 57 lune montante	19 h 46 / 7 h 31		♓	C'est le bon moment pour effectuer vos semis de gazon. Aplanissez la surface à ensemencer et roulez-la. Semez les graines de gazon à la volée en deux passages croisés. Couvrez de terreau, puis roulez une nouvelle fois. Arrosez en pluie fine de manière à ne pas déplacer les graines et, sauf en cas de pluie, arrosez souvent pendant trois à quatre semaines. L'installation d'une pelouse en fin d'été et en début d'automne est souvent préférable à un semis de printemps : elle a le temps de s'installer sans être piétinée avec un minimum d'arrosages.
Samedi 30 septembre	▼ NA à 18 h 48 lune montante	20 h 03 / 8 h 57			⚠ **Samedi, ne jardinez plus après 13 h 45.**
Dimanche 1er octobre	▼ lune montante	20 h 22 / 10 h 21		1 h 55 ♈	Récoltez les fruits qui sont maintenant arrivés à complète maturité : pommes, poires, prunes, fraises et framboises. Transformez le surplus pour en faire confitures, coulis ou conserves.

Ne pas oublier : binez les allées pour éliminer les mauvaises herbes.

Date	Notes :	Météo :
Lundi 25 septembre St Hermann		Pluie : ...... mm Cumul : ...... mm °C mini : ...... °C maxi : ...... Pression : ...... hPa Temps : ......
Mardi 26 septembre Sts Côme, Damien		Pluie : ...... mm Cumul : ...... mm °C mini : ...... °C maxi : ...... Pression : ...... hPa Temps : ......
Mercredi 27 septembre St Vincent de Paul		Pluie : ...... mm Cumul : ...... mm °C mini : ...... °C maxi : ...... Pression : ...... hPa Temps : ......
Jeudi 28 septembre St Venceslas		Pluie : ...... mm Cumul : ...... mm °C mini : ...... °C maxi : ...... Pression : ...... hPa Temps : ......
Vendredi 29 septembre St Michel		Pluie : ...... mm Cumul : ...... mm °C mini : ...... °C maxi : ...... Pression : ...... hPa Temps : ......
Samedi 30 septembre St Jérôme		Pluie : ...... mm Cumul : ...... mm °C mini : ...... °C maxi : ...... Pression : ...... hPa Temps : ......
Dimanche 1er octobre Ste Th. de l'E.-J.		Pluie : ...... mm Cumul : ...... mm °C mini : ...... °C maxi : ...... Pression : ...... hPa Temps : ......

« L'hirondelle en septembre abandonne le ciel refroidi de l'automne. »

♈ Bélier ♉ Taureau ♊ Gémeaux ♋ Cancer ♌ Lion ♍ Vierge ♎ Balance ♏ Scorpion ♐ Sagittaire ♑ Capricorne ♒ Verseau ♓ Poissons

Date	Lune	Lever coucher	Jour	Zodiaque	Travaux au jardin
Lundi 2 octobre	lune montante	20 h 45 11 h 46		♈	Récoltez les fruits qui sont maintenant arrivés à complète maturité. Transformez le surplus pour en faire confitures, coulis ou conserves.
Mardi 3 octobre	lune montante	21 h 15 13 h 07		23 h 23 ♉	Tamisez le compost ancien et utilisez-le dans vos massifs ainsi qu'au potager. Semez des radis de tous les mois 'Mirabeau', 'de Dix-huit jours', 'Flamboyant 5', 'Gaudry 2', 'National 2'. Arrosez le sillon de manière à faciliter la germination, semez directement en place à la volée ou sur des lignes espacées d'environ 25 cm. Les graines doivent être recouvertes de 1 à 2 cm de terre. Arrosez régulièrement. Semez des poireaux « baguette » en veillant à bien disperser les graines. Éclaircissez à 5 cm. Les poireaux « baguette » ne se repiquent pas et seront récoltés dans le courant du mois de mai prochain. Ils sont aussi appelés « poireaux de printemps ». Attention toutefois à leurs principaux ravageurs : la mineuse et le ver du poireau qui peuvent causer de véritables désastres dans les cultures.
Mercredi 4 octobre	lune montante	21 h 53 14 h 22			
Jeudi 5 octobre	lune montante 22 h 29	22 h 42 15 h 27			
Vendredi 6 octobre	à 15 h 47 lune descendante	23 h 42 16 h 18		8 h 09 ♊	Plantez les bulbes de printemps : tulipes, jacinthes, lis… Enterrez les bulbes à une profondeur équivalente à 2 ou 3 fois la taille des oignons. Privilégiez les bulbes de gros calibre et plantez-les toujours en nombre impair. Plantez aussi les bisannuelles semées en juin et juillet derniers. Enrichissez le sol à l'aide de compost et plantez en quinconce. Installez les vivaces vendues en godets.
Samedi 7 octobre	lune descendante	- 16 h 57			
Dimanche 8 octobre	lune descendante	0 h 48 17 h 26		20 h 00 ♋	Bouturez les arbustes à feuillage persistant. Placez les boutures sous châssis et protégez-les avec des paillassons en hiver. Les arbustes à feuillage persistant sont une bonne solution pour délimiter son jardin et se protéger du regard indiscret des voisins.

Ne pas oublier : réduisez les arrosages et les doses d'engrais de vos plantes d'intérieur dont la croissance commence à ralentir.

Date	Notes :	Météo :
Lundi 2 octobre St Léger		Pluie : ...... mm Cumul : ...... mm °C mini : .... °C maxi : .... Pression : .... hPa Temps : ....
Mardi 3 octobre St Gérard		Pluie : ...... mm Cumul : ...... mm °C mini : .... °C maxi : .... Pression : .... hPa Temps : ....
Mercredi 4 octobre St Fr. d'Assise		Pluie : ...... mm Cumul : ...... mm °C mini : .... °C maxi : .... Pression : .... hPa Temps : ....
Jeudi 5 octobre Ste Fleur		Pluie : ...... mm Cumul : ...... mm °C mini : .... °C maxi : .... Pression : .... hPa Temps : ....
Vendredi 6 octobre St Bruno		Pluie : ...... mm Cumul : ...... mm °C mini : .... °C maxi : .... Pression : .... hPa Temps : ....
Samedi 7 octobre St Serge		Pluie : ...... mm Cumul : ...... mm °C mini : .... °C maxi : .... Pression : .... hPa Temps : ....
Dimanche 8 octobre Ste Pélagie		Pluie : ...... mm Cumul : ...... mm °C mini : .... °C maxi : .... Pression : .... hPa Temps : ....

« Octobre en brumes, mois à rhumes. »

♈ Bélier ♉ Taureau ♊ Gémeaux ♋ Cancer ♌ Lion ♍ Vierge ♎ Balance ♏ Scorpion ♐ Sagittaire ♑ Capricorne ♒ Verseau ♓ Poissons

Date	Lune	Lever coucher	Jour	Zodiaque
Lundi 9 octobre	Lune descendante	1 h 57 / 17 h 48		♋ – 11 h 19 – ♌
Mardi 10 octobre	A à 5 h 41	3 h 07 / 18 h 05		♌
Mercredi 11 octobre		4 h 16 / 18 h 20		♌
Jeudi 12 octobre		5 h 24 / 18 h 33		♌ – 12 h 20 – ♍
Vendredi 13 octobre		6 h 31 / 18 h 46		♍
Samedi 14 octobre	● à 19 h 55	7 h 40 / 18 h 59		♍
Dimanche 15 octobre	ND à 3 h 11	8 h 51 / 19 h 14		♍

Travaux au jardin

- Plantez les conifères et les arbustes résistants achetés en conteneurs.

- Ouvrez les trous de plantation des arbres fruitiers à installer en novembre et décembre.

⚠ Mardi, ne jardinez pas avant 10 h 45.

- Plantez les petits fruits vendus en conteneurs, en espaçant les pieds d'environ un mètre.
- Vous pouvez tailler vos arbustes à petits fruits, y compris les framboisiers remontants ; les non-remontants sont coupés à ras.
- Rentrez vos potirons et courges. Laissez un pédoncule, nettoyez-les et placez-les plutôt au chaud. Ils se conserveront plus longtemps dans une atmosphère tempérée.
- Essayez des boutures de framboisiers. Arrachez un pied en veillant à conserver les racines et un maximum de chevelu. Faites-en des tronçons d'une dizaine de centimètres de long. Vous pourrez les replanter au cours du printemps prochain.

- Pour rénover les parties abîmées de la pelouse, apportez-leur de la tourbe ou du fumier. Semez, roulez et arrosez.
- Arrachez les endives en veillant à ne pas abîmer les racines. Laissez-les sécher sur le sol pendant une quinzaine de jours environ en les protégeant du soleil et du gel avec des fougères ou des feuilles. Vous enlèverez ensuite la terre à la main et taillerez les racines en coupant le feuillage un peu au-dessus du collet. Stockez-les à l'abri de la lumière. Il est aussi possible de les laisser en terre en les recouvrant d'une bonne couche de terre ou de terreau complétée par une couverture de paille ou de feuilles mortes.

⚠ Dimanche, ne jardinez pas avant 8 h 15.

- Protégez les légumes qui craignent le froid. Vous avez encore du temps pour les récolter et les stocker.
- Bouturez les racines charnues et plantez les fleurs à terre de bruyère.

Ne pas oublier : aérez la pelouse avec les dents d'une fourche ou un scarificateur.

Date	Notes :	Météo :
Lundi 9 octobre St Denis		Pluie : ...... mm Cumul : ...... mm °C mini : .... °C maxi : .... Pression : .... hPa Temps : ....
Mardi 10 octobre St Ghislain		Pluie : ...... mm Cumul : ...... mm °C mini : .... °C maxi : .... Pression : .... hPa Temps : ....
Mercredi 11 octobre St Firmin		Pluie : ...... mm Cumul : ...... mm °C mini : .... °C maxi : .... Pression : .... hPa Temps : ....
Jeudi 12 octobre St Wilfried		Pluie : ...... mm Cumul : ...... mm °C mini : .... °C maxi : .... Pression : .... hPa Temps : ....
Vendredi 13 octobre St Géraud		Pluie : ...... mm Cumul : ...... mm °C mini : .... °C maxi : .... Pression : .... hPa Temps : ....
Samedi 14 octobre St Juste		Pluie : ...... mm Cumul : ...... mm °C mini : .... °C maxi : .... Pression : .... hPa Temps : ....
Dimanche 15 octobre Ste Th. d'Avila		Pluie : ...... mm Cumul : ...... mm °C mini : .... °C maxi : .... Pression : .... hPa Temps : ....

« S'il neige en octobre, l'hiver sera sobre. »

♈ Bélier ♉ Taureau ♊ Gémeaux ♋ Cancer ♌ Lion ♍ Vierge ♎ Balance ♏ Scorpion ♐ Sagittaire ♑ Capricorne ♒ Verseau ♓ Poissons

Date	Lune	Lever coucher	Jour	Zodiaque	Travaux au jardin
Lundi 16 octobre	lune descendante	10 h 04 19 h 32		5 h 27 ♎	➤ Divisez les vivaces rustiques telles que les géraniums (les vrais géraniums, pas les pélargoniums !). Ce sont des plantes vivaces qui restent en place de saison en saison, rustiques et faciles à vivre. ➤ Plantez les lis, les tulipes et les jacinthes en place. Plantez les vivaces et les bisannuelles pour renouveler les massifs fleuris.
Mardi 17 octobre	lune descendante	11 h 21 19 h 55		21 h 43 ♏	➤ Plantez les conifères et les arbustes persistants achetés en conteneurs. Ils pourront commencer à s'enraciner avant l'arrivée des grands froids. À la bêche, ouvrez un trou deux à trois fois plus grand que le pot, ajoutez du compost : la motte doit affleurer. Humidifiez cette motte, enlevez la terre qui entoure les racines et placez la motte au centre du trou en étalant les racines en tous sens. Refermez le trou, tassez au fur et à mesure à la main, réalisez une cuvette d'arrosage et remplissez-la d'eau pour que celle-ci puisse s'infiltrer en douceur.
Mercredi 18 octobre	lune descendante	12 h 38 20 h 27			
Jeudi 19 octobre	lune descendante	13 h 52 21 h 11		22 h 09 ♐	➤ En lune descendante et dans le Midi, il est encore temps de planter des fraisiers pour obtenir une pleine récolte l'an prochain. ➤ Toujours en lune descendante, protégez les courges et les potirons de l'humidité. Accélérez leur maturation en déposant une pierre plate sous chaque fruit. ➤ En lune montante, semez à la volée de l'engrais vert sur les parcelles inutilisées lors de l'hiver prochain. Vous pouvez utiliser un mélange d'épinards et de moutarde, ou un mélange de seigle et de vesce. Tassez afin d'enterrer légèrement les graines.
Vendredi 20 octobre	lune descendante 11 h 14 lune montante	14 h 56 22 h 10			
Samedi 21 octobre	lune montante	15 h 48 23 h 23			
Dimanche 22 octobre	lune montante ◐ à 5 h 29	16 h 25 –		6 h 14 ♑	➤ Contrôlez tous les légumes qui sont stockés en silo.

Ne pas oublier : récoltez des fougères dans la nature. Elles font une excellente protection contre le gel et les limaces les détestent.

Date	Notes :	Météo :
Lundi 16 octobre Ste Edwige		Pluie : ...... mm Cumul : ...... mm °C mini : .... °C maxi : .... Pression : .... hPa Temps : ....
Mardi 17 octobre St Baudouin		Pluie : ...... mm Cumul : ...... mm °C mini : .... °C maxi : .... Pression : .... hPa Temps : ....
Mercredi 18 octobre St Luc		Pluie : ...... mm Cumul : ...... mm °C mini : .... °C maxi : .... Pression : .... hPa Temps : ....
Jeudi 19 octobre St René		Pluie : ...... mm Cumul : ...... mm °C mini : .... °C maxi : .... Pression : .... hPa Temps : ....
Vendredi 20 octobre Ste Adeline		Pluie : ...... mm Cumul : ...... mm °C mini : .... °C maxi : .... Pression : .... hPa Temps : ....
Samedi 21 octobre Ste Céline		Pluie : ...... mm Cumul : ...... mm °C mini : .... °C maxi : .... Pression : .... hPa Temps : ....
Dimanche 22 octobre Ste Elodie		Pluie : ...... mm Cumul : ...... mm °C mini : .... °C maxi : .... Pression : .... hPa Temps : ....

« Octobre emmitouflé annonce décembre ensoleillé. »

♈ Bélier ♉ Taureau ♊ Gémeaux ♋ Cancer ♌ Lion ♍ Vierge ♎ Balance ♏ Scorpion ♐ Sagittaire ♑ Capricorne ♒ Verseau ♓ Poissons

Date	Lune	Lever coucher	Jour	Zodiaque	Travaux au jardin
Lundi 23 octobre	▲ lune montante	16 h 53 0 h 46		♑	➲ Tamisez l'ancien compost et utilisez-le dans vos massifs ainsi qu'au jardin potager. L'utilisation d'un compost est vraiment facile : 20 kg de compost permettent généralement de couvrir 1,20 m de massif. Bien entendu, ces plantes ne doivent pas avoir subi le moindre traitement chimique.
Mardi 24 octobre	▲	17 h 15 2 h 12		4 h 13 ♒	➲ Récoltez le safran. Il s'agit plus d'une activité passion ou d'une activité loisir que d'une véritable production : il ne vous faudra pas moins d'une centaine de fleurs pour obtenir un seul gramme de safran. Cette récolte est très délicate : à l'aide d'une paire de petits ciseaux effilés, cueillez les stigmates sans faire tomber la poudre qui les recouvre. Vous opèrerez de préférence le matin, tout juste après l'ouverture de la fleur. Mettez votre précieuse récolte sur une feuille de papier, à disposer dans un local aéré pour que les stigmates sèchent rapidement.
Mercredi 25 octobre	▲	17 h 34 3 h 38			
Jeudi 26 octobre	▲ P à 5 h 01	17 h 50 5 h 02		8 h 07 ♓	⚠ **Jeudi, ne jardinez pas avant 10 h 05.** ➲ Semez à la volée de l'engrais vert sur les parcelles inutilisées au cours de l'hiver. Vous pouvez utiliser un mélange de moutarde et d'épinard ou un mélange de seigle et de vesce. Tassez afin d'enterrer légèrement les graines. Vous couperez et enfouirez au printemps prochain. ➲ Récoltez vos verdures sans oublier de les protéger par un voile d'hivernage afin de prolonger les récoltes. Après les premières gelées, commencez la cueillette des choux de Bruxelles, en commençant par le bas. ⚠ **Samedi, ne jardinez pas avant 10 h 15.**
Vendredi 27 octobre	▲	18 h 06 6 h 26			
Samedi 28 octobre	▲ NA à 5 h 13 ○ à 22 h 23	18 h 24 7 h 50		12 h 21 ♈	➲ Semez à la volée de l'engrais vert sur les parcelles inutilisées lors de l'hiver prochain. Vous pouvez utiliser un mélange d'épinards et de moutarde, ou un mélange de seigle et de vesce. Tassez afin d'enterrer légèrement les graines. Vous couperez et enfouirez lors du printemps prochain. ➲ Dans les régions bénéficiant d'un climat doux, semez des fèves et des pois à grains ronds.
Dimanche 29 octobre	▼	18 h 45 9 h 14			

Ne pas oublier : protégez les robinets de jardin contre le gel.

Date	Notes :	Météo :
Lundi 23 octobre S. J. de Capistran		Pluie : ...... mm Cumul : ...... mm °C mini : .... °C maxi : .... Pression : .... hPa Temps : ....
Mardi 24 octobre St Florentin		Pluie : ...... mm Cumul : ...... mm °C mini : .... °C maxi : .... Pression : .... hPa Temps : ....
Mercredi 25 octobre St Crépin		Pluie : ...... mm Cumul : ...... mm °C mini : .... °C maxi : .... Pression : .... hPa Temps : ....
Jeudi 26 octobre St Dimitri		Pluie : ...... mm Cumul : ...... mm °C mini : .... °C maxi : .... Pression : .... hPa Temps : ....
Vendredi 27 octobre Ste Emeline		Pluie : ...... mm Cumul : ...... mm °C mini : .... °C maxi : .... Pression : .... hPa Temps : ....
Samedi 28 octobre Sts Simon, Jude		Pluie : ...... mm Cumul : ...... mm °C mini : .... °C maxi : .... Pression : .... hPa Temps : ....
Dimanche 29 octobre St Narcisse		Pluie : ...... mm Cumul : ...... mm °C mini : .... °C maxi : .... Pression : .... hPa Temps : ....

« À la Saint-Crépin, les mouches voient leur fin. »

♈ Bélier ♉ Taureau ♊ Gémeaux ♋ Cancer ♌ Lion ♍ Vierge ♎ Balance ♏ Scorpion ♐ Sagittaire ♑ Capricorne ♒ Verseau ♓ Poissons

Date	Lune	Lever / coucher	Zodiaque	Travaux au jardin
Lundi 30 octobre	Lune montante	18 h 11 / 9 h 39	♈ – 8 h 34 – ♉	▸ Récoltez tous vos fruits avant que n'apparaissent les premières gelées. ▸ Contrôlez les légumes stockés en silo. Pour recycler une grande poubelle en silo, creusez un trou dans le sol pour enterrer la poubelle, tapissez ce trou de paille, enterrez la poubelle pour qu'elle dépasse le niveau du sol de 5 cm. Sur ces 5 cm, percez des trous d'aération. Stockez vos légumes en couches successives, isolées par de la paille. Refermez le couvercle de la poubelle. ▸ Sous tunnel ou sous châssis, en terre bien affinée, semez des carottes demi-longues ('Boléro', 'Touchon' et 'Nanco'). Vous les récolterez en primeurs en avril ou en mai prochains. ▸ Toujours sous tunnel ou sous châssis, semez des radis de tous les mois ('Bamba', 'Gaudry 2'). Vous éclaircirez après la levée et récolterez dans trois à quatre semaines.
Mardi 31 octobre	Lune montante	18 h 46 / 10 h 59	♉	
Mercredi 1er novembre	Lune montante	19 h 31 / 12 h 10	♉	
Jeudi 2 novembre	Lune montante jusqu'à 6h14, puis lune descendante	20 h 27 / 13 h 09	– 15 h 47 – ♊	▸ À l'approche des premières gelées, arrachez les glaïeuls, les bégonias, les dahlias et les cannas. Stockez les bulbes après les avoir laissé sécher à l'abri. ▸ Plantez aussi les bulbes de printemps ainsi que les lis (à l'exception du lis de la Madone), en enterrant les oignons sur deux à trois fois leur hauteur. Bulbe par excellence : la tulipe. N'hésitez pas à choisir différentes variétés selon leur couleur, leur floraison et leur taille.
Vendredi 3 novembre	Lune descendante	21 h 32 / 13 h 54	♊	
Samedi 4 novembre	Lune descendante	22 h 41 / 14 h 27	– 3 h 02 – ♋	▸ Procédez à la dernière tonte de votre gazon, sans le tondre à ras afin de l'aider à passer l'hiver. Vous pouvez laisser les déchets de tonte en place en utilisant le dispositif à mulch ou en croisant vos passages.
Dimanche 5 novembre	Lune descendante ; premier quartier à 9 h 36	23 h 52 / 14 h 52	– 18 h 01 – ♌	▸ Commencez la plantation des fruitiers.

Ne pas oublier : pour avoir du persil frais tout l'hiver, prélevez quelques touffes dans le carré d'herbes aromatiques et mettez-les en pot.

Date	Notes :	Météo :
Lundi 30 octobre St Bienvenu		Pluie : …… mm Cumul : …… mm °C mini : …… °C maxi : …… Pression : …… hPa Temps : ……
Mardi 31 octobre St Quentin		Pluie : …… mm Cumul : …… mm °C mini : …… °C maxi : …… Pression : …… hPa Temps : ……
Mercredi 1er novembre Toussaint		Pluie : …… mm Cumul : …… mm °C mini : …… °C maxi : …… Pression : …… hPa Temps : ……
Jeudi 2 novembre Défunts		Pluie : …… mm Cumul : …… mm °C mini : …… °C maxi : …… Pression : …… hPa Temps : ……
Vendredi 3 novembre St Hubert		Pluie : …… mm Cumul : …… mm °C mini : …… °C maxi : …… Pression : …… hPa Temps : ……
Samedi 4 novembre St Charles		Pluie : …… mm Cumul : …… mm °C mini : …… °C maxi : …… Pression : …… hPa Temps : ……
Dimanche 5 novembre Ste Sylvie		Pluie : …… mm Cumul : …… mm °C mini : …… °C maxi : …… Pression : …… hPa Temps : ……

« Gelée de novembre mange l'herbe tendre. »

♈ Bélier ♉ Taureau ♊ Gémeaux ♋ Cancer ♌ Lion ♍ Vierge ♎ Balance ♏ Scorpion ♐ Sagittaire ♑ Capricorne ♒ Verseau ♓ Poissons

Date	Lune	Lever / coucher	Zodiaque
Lundi 6 novembre	A à 22 h 48 — Lune descendante	– / 15 h 11	♌
Mardi 7 novembre	Lune descendante	1 h 01 / 15 h 27	♌
Mercredi 8 novembre	Lune descendante	2 h 09 / 15 h 40	♌ jusqu'à 19 h 05, puis ♍
Jeudi 9 novembre	Lune descendante	3 h 17 / 15 h 53	♍
Vendredi 10 novembre	Lune descendante	4 h 25 / 16 h 06	♍
Samedi 11 novembre	ND à 9 h 48 — Lune descendante	5 h 35 / 16 h 20	♍
Dimanche 12 novembre	Lune descendante	6 h 48 / 16 h 37	♍ jusqu'à 11 h 51, puis ♎

Travaux au jardin

⚠ Lundi, ne jardinez plus après 17 h 45.

- Vous pouvez commencer la plantation des fruitiers dès maintenant pour une reprise optimale. Préparez les trous de plantation : à la terre extraite, mélangez du terreau ou du compost, ameublissez le fond à la fourche-bêche, incorporez éventuellement de la corne broyée. Si vous n'avez pas encore acheté vos fruitiers, rebouchez, car cela permettra à la terre de se tasser. Les trous de plantation doivent avoir une cinquantaine de centimètres, aussi bien en largeur qu'en profondeur. Vous pouvez d'ores et déjà installer les tuteurs.
- Si le temps est doux et sec, traitez les fruitiers contre la moniliose avec de la bouillie bordelaise.

- Dans le Midi, plantez de l'ail, de préférence blanc ('Blanc de la Drôme') ou violet ('Violet de Cadours'). Réservez l'ail rose aux plantations de fin d'hiver. Plantez aussi de l'échalote grise en terre anciennement fumée, ameublie, légère et bien drainée. Espacez les rangs de 25 cm et les plants de 15 cm sur la ligne. Ne les enfoncez pas à plus de 2 cm, pointes en l'air. N'arrosez pas après la plantation. La récolte s'effectuera vers mai ou juin prochains.
- Arrachez les endives 'Witloof' à l'aide d'une fourche-bêche, en veillant à ne pas abîmer les racines. Laissez-les faner quelques jours sur le sol pour provoquer l'arrêt de la végétation, en les protégeant du gel et du soleil avec des feuilles ou des fougères. Enlevez ensuite la terre à la main, taillez les petites racines en coupant le feuillage légèrement au-dessus du collet.

⚠ Samedi, ne jardinez pas avant 14 h 50.

- Récoltez les légumes qui craignent le froid et mettez-les en silo. Protégez tous les autres.
- Plantez les oignons semés au début du mois de septembre.

- Terminez les plantations des vivaces et des arbustes à fleurs achetés en conteneurs.

Ne pas oublier : nettoyez et remettez en état les nichoirs prévus pour les oiseaux.

Date	Notes :	Météo :
Lundi 6 novembre Ste Bertille		Pluie : ...... mm Cumul : ...... mm °C mini : .... °C maxi : .... Pression : .... hPa Temps : ....
Mardi 7 novembre Ste Carine		Pluie : ...... mm Cumul : ...... mm °C mini : .... °C maxi : .... Pression : .... hPa Temps : ....
Mercredi 8 novembre St Geoffroy		Pluie : ...... mm Cumul : ...... mm °C mini : .... °C maxi : .... Pression : .... hPa Temps : ....
Jeudi 9 novembre St Théodore		Pluie : ...... mm Cumul : ...... mm °C mini : .... °C maxi : .... Pression : .... hPa Temps : ....
Vendredi 10 novembre St Léon		Pluie : ...... mm Cumul : ...... mm °C mini : .... °C maxi : .... Pression : .... hPa Temps : ....
Samedi 11 novembre Armistice 1918		Pluie : ...... mm Cumul : ...... mm °C mini : .... °C maxi : .... Pression : .... hPa Temps : ....
Dimanche 12 novembre St Christian		Pluie : ...... mm Cumul : ...... mm °C mini : .... °C maxi : .... Pression : .... hPa Temps : ....

« Brouillard en novembre, l'hiver sera tendre. »

♈ Bélier ♉ Taureau ♊ Gémeaux ♋ Cancer ♌ Lion ♍ Vierge ♎ Balance ♏ Scorpion ♐ Sagittaire ♑ Capricorne ♒ Verseau ♓ Poissons

Date	Lune	Lever coucher	Jour	Zodiaque	Travaux au jardin
Lundi 13 novembre	à 10 h 27 – lune descendante	8 h 04 16 h 59		♎	Vous pouvez encore diviser vos touffes de fleurs vivaces et planter des bulbes. Bulbe par excellence : la tulipe. N'hésitez pas à choisir différentes variétés selon leur couleur, leur floraison et leur taille. Achevez d'arracher les glaïeuls, les dahlias, les cannas ainsi que les bégonias.
Mardi 14 novembre	lune descendante	9 h 23 17 h 28		3 h 29 ♏	Plantez les grimpantes – vigne vierge et lierre – devant un support adéquat déjà mis en place : grillage, clôture, pergola, arche, treillage… Installez des haies de hêtres, de charmes, de troènes ou d'éléagnus. Procédez à la dernière tonte de votre gazon sans le tondre à ras afin de l'aider à passer l'hiver. Vous pouvez laisser les déchets de tonte en place en utilisant le dispositif à mulch ou en croisant vos passages.
Mercredi 15 novembre	lune descendante	10 h 40 18 h 08			
Jeudi 16 novembre	lune descendante 15 h 44 lune montante	11 h 50 19 h 03		3 h 00 ♐	En lune descendante, poursuivez la plantation de vos fruitiers. En lune montante, récoltez les nèfles et les kakis dès qu'ils ont subi une gelée. Laissez-les finir de mûrir à la maison. Les kakis-pommes 'Fuyu' n'ont pas besoin de subir le gel pour être débarrassés de leur astringence, mais il faut impérativement les laisser mûrir. Par temps sec, badigeonnez les troncs des fruitiers à l'aide d'une bouillie d'argile. Ce badigeonnage sera à refaire en fin d'hiver.
Vendredi 17 novembre	lune montante	12 h 45 20 h 13			
Samedi 18 novembre	lune montante	13 h 28 21 h 34		10 h 37 ♑	Contrôlez les légumes qui sont conservés dans vos silos : pommes de terre, carottes, betteraves, panais, navets… Éliminez ceux qui pourrissent avant qu'ils contaminent les autres. Contre un mur bien exposé, installez une bonne couche de compost inclinée pour mieux profiter du soleil. Recouvrez d'une vitre.
Dimanche 19 novembre	lune montante	13 h 58 22 h 58			

Ne pas oublier : mettez en place un voile d'hivernage sur toutes les salades.

Date	Notes :	Météo :
Lundi 13 novembre St Brice		Pluie : ...... mm Cumul : ...... mm °C mini : .... °C maxi : .... Pression : .... hPa Temps : ....
Mardi 14 novembre St Sidoine		Pluie : ...... mm Cumul : ...... mm °C mini : .... °C maxi : .... Pression : .... hPa Temps : ....
Mercredi 15 novembre St Albert		Pluie : ...... mm Cumul : ...... mm °C mini : .... °C maxi : .... Pression : .... hPa Temps : ....
Jeudi 16 novembre Ste Marguerite		Pluie : ...... mm Cumul : ...... mm °C mini : .... °C maxi : .... Pression : .... hPa Temps : ....
Vendredi 17 novembre Ste Elisabeth		Pluie : ...... mm Cumul : ...... mm °C mini : .... °C maxi : .... Pression : .... hPa Temps : ....
Samedi 18 novembre Ste Aude		Pluie : ...... mm Cumul : ...... mm °C mini : .... °C maxi : .... Pression : .... hPa Temps : ....
Dimanche 19 novembre St Tanguy		Pluie : ...... mm Cumul : ...... mm °C mini : .... °C maxi : .... Pression : .... hPa Temps : ....

« À la Saint-Brice, le temps sera celui du Jour de l'An. »

♈ Bélier ♉ Taureau ♊ Gémeaux ♋ Cancer ♌ Lion ♍ Vierge ♎ Balance ♏ Scorpion ♐ Sagittaire ♑ Capricorne ♒ Verseau ♓ Poissons

Date	Lune	Lever coucher	Zodiaque
Lundi 20 novembre	◐ à 11 h 49 — lune montante	14 h 21 / –	♑ — 9 h 05 — ♒
Mardi 21 novembre	P à 22 h 01 — lune montante	14 h 39 / 0 h 22	♒
Mercredi 22 novembre	lune montante	14 h 56 / 1 h 45	14 h 02 — ♓
Jeudi 23 novembre	lune montante	15 h 11 / 3 h 06	♓
Vendredi 24 novembre	NA à 12 h 01 — lune montante	15 h 28 / 4 h 27	20 h 04 — ♈
Samedi 25 novembre	lune montante	15 h 47 / 5 h 49	♈
Dimanche 26 novembre	lune montante	16 h 10 / 7 h 12	18 h 03 — ♉

Travaux au jardin

- Dans les régions qui bénéficient d'un climat doux, taillez soigneusement les fleurs fanées des hortensias. Coupez au-dessus du premier bourgeon situé sous la fleur, profitez-en pour supprimer une ou deux branches âgées.

⚠ Mardi, ne jardinez plus après 17 h 00.

- À la maison, soignez les plantes à fleurs. Placez une couche de billes d'argile dans les soucoupes, versez de 2 à 3 cm d'eau et posez les pots dessus. L'air sera humidifié sans risquer de faire pourrir les racines.

- Enfouissez l'engrais vert (moutarde, phacélie). Broyez-le s'il n'a pas été suffisamment blanchi par le gel. Laissez le seigle en place : vous le faucherez à la fin du mois de janvier ou au début du mois de février, en le laissant sur place pendant trois semaines avant de l'incorporer au sol.
- À la maison, au chaud, en pot ou en terrine, semez des pépins d'oranges, de citrons ou de kumquats afin d'obtenir de jolies plantes vertes à l'allure exotique.

⚠ Vendredi, ne jardinez pas entre 7 et 17 h.

- Dans le Midi, récoltez les olives de table ainsi que les olives à huile. Amenez-les rapidement au moulin. En dehors des régions méditerranéennes, l'olivier peut être installé, moyennant certaines précautions, dans d'autres zones.
- Dans les régions bénéficiant d'un climat doux, semez des fèves. Vous paillerez dès l'apparition des premières feuilles, puis les butterez en fin d'hiver.

- Prélevez les drageons sur les chrysanthèmes. Replantez dans un pot : ils donneront une nouvelle plante.

Ne pas oublier : même en hiver, les plantes vertes d'intérieur ont besoin d'eau et de lumière.

Date	Notes :	Météo :
Lundi 20 novembre St Edmond		Pluie : ...... mm Cumul : ...... mm °C mini : .... °C maxi : .... Pression : .... hPa Temps : ....
Mardi 21 novembre Prés. de Marie		Pluie : ...... mm Cumul : ...... mm °C mini : .... °C maxi : .... Pression : .... hPa Temps : ....
Mercredi 22 novembre Ste Cécile		Pluie : ...... mm Cumul : ...... mm °C mini : .... °C maxi : .... Pression : .... hPa Temps : ....
Jeudi 23 novembre St Clément		Pluie : ...... mm Cumul : ...... mm °C mini : .... °C maxi : .... Pression : .... hPa Temps : ....
Vendredi 24 novembre Ste Flora		Pluie : ...... mm Cumul : ...... mm °C mini : .... °C maxi : .... Pression : .... hPa Temps : ....
Samedi 25 novembre Ste Catherine		Pluie : ...... mm Cumul : ...... mm °C mini : .... °C maxi : .... Pression : .... hPa Temps : ....
Dimanche 26 novembre Ste Delphine		Pluie : ...... mm Cumul : ...... mm °C mini : .... °C maxi : .... Pression : .... hPa Temps : ....

« À la Sainte-Flora, plus rien ne fleurira. »

♈ Bélier ♉ Taureau ♊ Gémeaux ♋ Cancer ♌ Lion ♍ Vierge ♎ Balance ♏ Scorpion ♐ Sagittaire ♑ Capricorne ♒ Verseau ♓ Poissons

Date	Lune	Lever coucher	Jour	Zodiaque	Travaux au jardin
Lundi 27 novembre	○ à 10 h 16 — lune montante	16 h 40 / 8 h 33		♉	➧ Déplantez les arbres que vous désirez déplacer. Mettez-les en jauge pour les replanter le mois prochain. ➧ Contre un mur bien exposé, installez une bonne couche de compost inclinée pour profiter au maximum du soleil. Recouvrez d'une vitre. Dans cette côtière, ou ados, semez des carottes courtes de type grelot ('Parmex', 'Mignon') et des radis ronds ('Gaudry 2', 'Gaudo'). ➧ Prélevez les drageons sur les chrysanthèmes. Replantez dans un pot : ils donneront une nouvelle plante. ➧ Période creuse au jardin ! Faites le plan de votre potager pour l'an prochain en tenant compte de la rotation des cultures ainsi que des bonnes associations de plantes.
Mardi 28 novembre	lune montante	17 h 21 / 9 h 50			
Mercredi 29 novembre	lune montante jusqu'à 15 h 11, puis lune descendante	18 h 12 / 10 h 55			
Jeudi 30 novembre	lune descendante	19 h 15 / 11 h 47		0 h 59 ♊	➧ À condition qu'il ne gèle pas, plantez les rosiers et les arbustes à fleurs vendus à racines nues. ➧ Plantez des chrysanthèmes à fleurs simples, des pivoines et des hémérocalles. ➧ Buttez les jeunes rosiers au-dessus du point de greffe. ➧ Déterrez et jetez les annuelles.
Vendredi 1er décembre	lune descendante	20 h 24 / 12 h 25		11 h 49 ♋	➧ C'est une bonne journée pour planter des haies. Elles enrichiront et embelliront votre jardin tout en vous protégeant naturellement du vent et efficacement du regard parfois fort indiscret des voisins.
Samedi 2 décembre	lune descendante	21 h 35 / 12 h 53			
Dimanche 3 décembre	lune descendante	22 h 45 / 13 h 15		2 h 25 ♌	➧ Taillez les fruitiers de plein vent. Brossez les troncs pour enlever les mousses et les lichens. Brûlez-les. Apportez du compost ainsi qu'un engrais à décomposition lente à l'aplomb des ramures, en ouvrant des trous à la barre à mine.

Ne pas oublier : nettoyez le jardin de tout ce qui est mort, sec ou abîmé.

Date	Notes :	Météo :
Lundi 27 novembre St Séverin		Pluie : ...... mm Cumul : ...... mm °C mini : .... °C maxi : .... Pression : .... hPa Temps : ....
Mardi 28 novembre St J. de la Marche		Pluie : ...... mm Cumul : ...... mm °C mini : .... °C maxi : .... Pression : .... hPa Temps : ....
Mercredi 29 novembre St Saturnin		Pluie : ...... mm Cumul : ...... mm °C mini : .... °C maxi : .... Pression : .... hPa Temps : ....
Jeudi 30 décembre St André		Pluie : ...... mm Cumul : ...... mm °C mini : .... °C maxi : .... Pression : .... hPa Temps : ....
Vendredi 1er décembre Ste Florence		Pluie : ...... mm Cumul : ...... mm °C mini : .... °C maxi : .... Pression : .... hPa Temps : ....
Samedi 2 décembre Ste Viviane		Pluie : ...... mm Cumul : ...... mm °C mini : .... °C maxi : .... Pression : .... hPa Temps : ....
Dimanche 3 décembre S[t] Fr.-Xavier		Pluie : ...... mm Cumul : ...... mm °C mini : .... °C maxi : .... Pression : .... hPa Temps : ....

« En décembre, journée courte et longue nuit. »

♈ Bélier ♉ Taureau ♊ Gémeaux ♋ Cancer ♌ Lion ♍ Vierge ♎ Balance ♏ Scorpion ♐ Sagittaire ♑ Capricorne ♒ Verseau ♓ Poissons

Date	Lune	Lever / coucher	Jour	Zodiaque
Lundi 4 décembre	A à 19 h 42 — lune descendante	23 h 54 / 13 h 32		♌
Mardi 5 décembre	à 6 h 49	– / 13 h 46		
Mercredi 6 décembre		1 h 01 / 13 h 59		3 h 34 ♍
Jeudi 7 décembre		2 h 08 / 14 h 11		
Vendredi 8 décembre	ND à 16 h 24	3 h 16 / 14 h 25		
Samedi 9 décembre		4 h 27 / 14 h 40		20 h 53 ♎
Dimanche 10 décembre		5 h 42 / 15 h 00		

Travaux au jardin

Lundi, ne jardinez plus après 14 h 40.

- Sauf en cas de gel, vous pouvez continuer à planter des fruitiers à racines nues ou vendus en conteneurs. Enrichissez la terre avec de la corne broyée et du compost. Veillez à ne pas enterrer le point de greffe. Arrosez à raison d'un à deux arrosoirs d'eau par arbre. Installez un tuteur dès la plantation, sans l'enfoncer trop près du tronc. Vous allez pouvoir planter des arbres jusqu'en mars, mais le faire maintenant leur permet de s'enraciner en hiver et donc de mieux résister à la sécheresse de l'été suivant.

- Ameublissez les sols lourds sans les retourner. Le gel se chargera de casser les mottes. Au printemps prochain, vous n'aurez plus qu'à affiner et à aplatir la terre. Pour savoir si votre sol est léger ou lourd, prélevez une poignée de terre et humectez-la légèrement. Si vous arrivez à confectionner une motte de terre ferme et malléable, votre sol est lourd. Si la terre se désagrège facilement et procure une sensation de rugosité, le sol est léger.

Vendredi, ne jardinez plus après 11 h 20.

- En fonction de vos besoins, récoltez les salsifis, les crosnes, les panais, les topinambours, les poireaux, le raifort, le rutabaga ainsi que les scorsonères. Tous ces légumes peuvent rester en terre : paillez abondamment le sol afin de pouvoir arracher ces légumes racines lorsqu'il gèlera. Repérez de beaux pieds que vous conserverez pour redémarrer la culture au printemps prochain.

- Procédez à la « taille de Noël » des rosiers, en coupant les tiges à une hauteur d'environ 50 cm. Vous pouvez aussi tailler les rosiers grimpants.
- Buttez les jeunes rosiers ainsi que les variétés délicates au-dessus du point de greffe.
- Plantez les rosiers et les arbustes à fleurs caduques à racines nues. N'oubliez pas de praliner les racines.

Ne pas oublier : triez les graines en jetant celles qui seront périmées l'an prochain.

Date	Notes :	Météo :
Lundi 4 décembre Ste Barbara		Pluie : ...... mm Cumul : ...... mm °C mini : .... °C maxi : .... Pression : .... hPa Temps : ....
Mardi 5 décembre St Gérald		Pluie : ...... mm Cumul : ...... mm °C mini : .... °C maxi : .... Pression : .... hPa Temps : ....
Mercredi 6 décembre St Nicolas		Pluie : ...... mm Cumul : ...... mm °C mini : .... °C maxi : .... Pression : .... hPa Temps : ....
Jeudi 7 décembre St Ambroise		Pluie : ...... mm Cumul : ...... mm °C mini : .... °C maxi : .... Pression : .... hPa Temps : ....
Vendredi 8 décembre Imm. Conception		Pluie : ...... mm Cumul : ...... mm °C mini : .... °C maxi : .... Pression : .... hPa Temps : ....
Samedi 9 décembre St Pierre Fourier		Pluie : ...... mm Cumul : ...... mm °C mini : .... °C maxi : .... Pression : .... hPa Temps : ....
Dimanche 10 décembre St Romaric		Pluie : ...... mm Cumul : ...... mm °C mini : .... °C maxi : .... Pression : .... hPa Temps : ....

« Rosier paillé au chaud, boutons bien plus beaux. »

♈ Bélier ♉ Taureau ♊ Gémeaux ♋ Cancer ♌ Lion ♍ Vierge ♎ Balance ♏ Scorpion ♐ Sagittaire ♑ Capricorne ♒ Verseau ♓ Poissons

Date	Lune	Lever / coucher	Zodiaque
Lundi 11 décembre	Lune descendante	7 h 00 / 15 h 26	♎ ; 12 h 17 ♏
Mardi 12 décembre	Lune descendante	8 h 19 / 16 h 01	♏
Mercredi 13 décembre	à 0 h 41 ; Lune descendante jusqu'à 22 h 52, puis lune montante	9 h 35 / 16 h 52	10 h 58 ♐
Jeudi 14 décembre	Lune montante	10 h 37 / 17 h 59	♐
Vendredi 15 décembre	Lune montante	11 h 26 / 19 h 19	17 h 11 ♑
Samedi 16 décembre	Lune montante ; P à 19 h 52	12 h 00 / 20 h 45	♑
Dimanche 17 décembre	Lune montante	12 h 25 / 22 h 10	14 h 46 ♒

Travaux au jardin

♎ (jusqu'à lundi 12 h 17)

- Mettez en place les églantiers à greffer dans le courant de l'été prochain.

♏ 12 h 17 (lundi – mercredi 10 h 58)

- Commencez l'élagage des arbres. Le masticage n'est pas indispensable si les coupes sont proprement effectuées, juste au-dessus du bourrelet d'insertion des branches avec le tronc. Pour supprimer une partie de branche, coupez juste au-dessus d'un œil ou d'une pousse latérale.
- Plantez les arbustes destinés aux haies ainsi que les arbres d'ornement à feuilles caduques. Pour les persistants, il est préférable d'attendre le début du printemps.

♐ 10 h 58 (mercredi – vendredi 17 h 11)

- En lune descendante, plantez des fruitiers en veillant à ne pas enterrer le point de greffe. Arrosez généreusement même en cas de pluie, installez un tuteur dès la plantation, en veillant à ne pas l'enfoncer trop près du tronc.
- En lune montante, à condition qu'il ne gèle pas, prélevez les greffons sur les variétés fruitières qui ont été multipliées au printemps dernier. Coupez des rameaux sains de 30 à 40 cm de long, avec des yeux bien formés. Liez-les en bottes en identifiant les variétés et enterrez-les à moitié au pied d'un mur orienté au nord.

♑ 17 h 11 (vendredi – dimanche 14 h 46)

- Dégermez les pommes de terre et vérifiez attentivement l'état des légumes mis en silo. Éliminez tous ceux qui s'abîment et renforcez les protections si cela s'avère nécessaire.
- Arrachez les légumes pouvant rester au jardin au fur et à mesure de vos besoins.

⚠ **Samedi, ne jardinez plus après 14 h 50.**

- Dans les régions bénéficiant d'un climat doux (par exemple, sur le pourtour méditerranéen), il est encore possible de planter l'ail blanc ainsi que l'ail violet.

♒ 14 h 46 (dimanche)

- Sauf en cas de gel, plantez maintenant des arbustes à fleurs ainsi que des rosiers à racines nues.

Ne pas oublier : ratissez les dernières feuilles mortes sur la pelouse.

Date	Notes :	Météo :
Lundi 11 décembre St Daniel		Pluie : ...... mm Cumul : ...... mm °C mini : .... °C maxi : .... Pression : .... hPa Temps : ....
Mardi 12 décembre St J.-F. de Chantal		Pluie : ...... mm Cumul : ...... mm °C mini : .... °C maxi : .... Pression : .... hPa Temps : ....
Mercredi 13 décembre Ste Lucie		Pluie : ...... mm Cumul : ...... mm °C mini : .... °C maxi : .... Pression : .... hPa Temps : ....
Jeudi 14 décembre Ste Odile		Pluie : ...... mm Cumul : ...... mm °C mini : .... °C maxi : .... Pression : .... hPa Temps : ....
Vendredi 15 décembre Ste Ninon		Pluie : ...... mm Cumul : ...... mm °C mini : .... °C maxi : .... Pression : .... hPa Temps : ....
Samedi 16 décembre Ste Alice		Pluie : ...... mm Cumul : ...... mm °C mini : .... °C maxi : .... Pression : .... hPa Temps : ....
Dimanche 17 décembre St Gaël		Pluie : ...... mm Cumul : ...... mm °C mini : .... °C maxi : .... Pression : .... hPa Temps : ....

« Décembre prend et ne rend. »

♈ Bélier ♉ Taureau ♊ Gémeaux ♋ Cancer ♌ Lion ♍ Vierge ♎ Balance ♏ Scorpion ♐ Sagittaire ♑ Capricorne ♒ Verseau ♓ Poissons

Date	Lune	Lever coucher	Jour	Zodiaque	Travaux au jardin
Lundi 18 décembre	lune montante	12 h 45 23 h 34		♒	➲ À la maison, vous pouvez vous essayer à des semis de bégonias et de pélargoniums. Ces derniers présentent l'avantage d'être très faciles à cultiver, même s'ils redoutent le froid. De plus, ils offrent une magnifique palette de couleurs et une large gamme de parfums. Au niveau de l'entretien, ils exigent un bon ensoleillement, un nettoyage régulier des feuilles et des fleurs fanées, un apport régulier d'engrais et un arrosage hebdomadaire. Ils peuvent être installés isolément dans des pots ou être plutôt regroupés avec d'autres plantes pour faire de belles jardinières.
Mardi 19 décembre	à 19 h 39	13 h 02 –			
Mercredi 20 décembre		13 h 18 0 h 55		16 h 32 ♓	➲ Semez du pourpier ou du cresson alénois à la maison ou dans la véranda, en terrines, en dispersant bien les graines. Couvrez-les légèrement et tassez à l'aide d'une planchette. Humidifiez et placez à la lumière, en évitant toutefois le soleil direct.
Jeudi 21 décembre	NA à 14 h 53	13 h 34 2 h 14			⚠ **Jeudi, ne jardinez pas entre 9 h 50 et 19 h 50.**
Vendredi 22 décembre Solstice d'hiver		13 h 51 3 h 34		2 h 30 ♈	➲ Stratifiez les pépins des pommes et des poirées en les plaçant dans un pot rempli de sable. Enterrez au pied d'un mur exposé au nord. Vous obtiendrez ainsi des porte-greffes. ➲ Dans le Midi, récoltez les olives si elles n'étaient pas mûres auparavant.
Samedi 23 décembre		14 h 12 4 h 54			
Dimanche 24 décembre		14 h 39 6 h 14		1 h 30 ♉	➲ Prélevez les drageons sur les chrysanthèmes. Ces éclats de souche replantés dans un pot donneront de nouvelles plantes.

Ne pas oublier : pensez à installer des nichoirs.

Date	Notes :	Météo :
Lundi 18 décembre St Gatien		Pluie : ...... mm Cumul : ...... mm °C mini : .... °C maxi : .... Pression : .... hPa Temps : ....
Mardi 19 décembre St Urbain		Pluie : ...... mm Cumul : ...... mm °C mini : .... °C maxi : .... Pression : .... hPa Temps : ....
Mercredi 20 décembre St Théophile		Pluie : ...... mm Cumul : ...... mm °C mini : .... °C maxi : .... Pression : .... hPa Temps : ....
Jeudi 21 décembre St Pierre		Pluie : ...... mm Cumul : ...... mm °C mini : .... °C maxi : .... Pression : .... hPa Temps : ....
Vendredi 22 décembre Hiver		Pluie : ...... mm Cumul : ...... mm °C mini : .... °C maxi : .... Pression : .... hPa Temps : ....
Samedi 23 décembre St Armand		Pluie : ...... mm Cumul : ...... mm °C mini : .... °C maxi : .... Pression : .... hPa Temps : ....
Dimanche 24 décembre Ste Adèle		Pluie : ...... mm Cumul : ...... mm °C mini : .... °C maxi : .... Pression : .... hPa Temps : ....

« Au vingt de Noël, les jours rallongent d'un pas d'hirondelle. »

♈ Bélier ♉ Taureau ♊ Gémeaux ♋ Cancer ♌ Lion ♍ Vierge ♎ Balance ♏ Scorpion ♐ Sagittaire ♑ Capricorne ♒ Verseau ♓ Poissons

Date	Lune	Lever / coucher	Jour	Zodiaque	Travaux au jardin
Lundi 25 décembre	Lune montante	15 h 15 / 7 h 32		♉	Si ce n'est pas déjà fait, déplantez les arbres que vous désirez déplacer. Mettez-les en jauge pour les replanter le mois prochain. Si vous avez un grand potager propre (c'est-à-dire exempt d'adventices vivaces telles que le chiendent ou le liseron), vous pouvez envisager la création d'une aspergeraie. Enrichissez la parcelle choisie de compost ou de fumier bien mûr avec des cendres de bois. Au moment de l'installation des griffes, vous enrichirez le fond des tranchées. Vous pouvez espérer une production annuelle de 5 kg de turions à partir de la quatrième année.
Mardi 26 décembre	Lune montante	16 h 02 / 8 h 41			
Mercredi 27 décembre	Pleine lune à 1 h 33 ; lune descendante à partir de 22 h 50	17 h 00 / 9 h 38		9 h 26 ♊	À condition qu'il n'y ait pas de risque de gel, taillez les clématites à floraison estivale. Coupez une tige sur deux à 30 ou 40 cm du sol. Vous pouvez aussi tailler les rosiers grimpants. Pour les pieds âgés et vigoureux, par exemple palissés contre un mur, il est plus rapide d'utiliser un taille-haie à moteur : les rosiers ne s'en porteront pas plus mal et continueront de fleurir abondamment.
Jeudi 28 décembre	Lune descendante	18 h 07 / 10 h 21		20 h 16 ♋	S'il ne gèle pas, poursuivez les plantations des arbres et des arbustes à feuillage caduc. Pour les haies, la plantation en quinconce est préférable si vous disposez de suffisamment d'espace. N'oubliez pas de pailler pour éviter la concurrence entre les jeunes arbustes et l'herbe.
Vendredi 29 décembre	Lune descendante	19 h 18 / 10 h 53			
Samedi 30 décembre	Lune descendante	20 h 29 / 11 h 18		10 h 44 ♌	Plantez des fruitiers en arrosant généreusement, même en cas de pluie. Prévoyez une plantation quelque peu surélevée pour anticiper le tassement inévitable de la terre au fil des mois. Le point de greffe ne doit jamais être enterré, car cela entraînerait le développement de gourmands du porte-greffe, qui accapareraient la sève.
Dimanche 31 décembre	Lune descendante	21 h 39 / 11 h 36			

Ne pas oublier : installez des nichoirs en orientant le trou d'envol vers l'est.

Date	Notes :	Météo :
Lundi 25 décembre Noël		Pluie : ...... mm Cumul : ...... mm °C mini : .... °C maxi : .... Pression : .... hPa Temps : ....
Mardi 26 décembre St Étienne		Pluie : ...... mm Cumul : ...... mm °C mini : .... °C maxi : .... Pression : .... hPa Temps : ....
Mercredi 27 décembre St Jean		Pluie : ...... mm Cumul : ...... mm °C mini : .... °C maxi : .... Pression : .... hPa Temps : ....
Jeudi 28 décembre Sts Innocents		Pluie : ...... mm Cumul : ...... mm °C mini : .... °C maxi : .... Pression : .... hPa Temps : ....
Vendredi 29 décembre St David		Pluie : ...... mm Cumul : ...... mm °C mini : .... °C maxi : .... Pression : .... hPa Temps : ....
Samedi 30 décembre St Roger		Pluie : ...... mm Cumul : ...... mm °C mini : .... °C maxi : .... Pression : .... hPa Temps : ....
Dimanche 31 janvier St Sylvestre		Pluie : ...... mm Cumul : ...... mm °C mini : .... °C maxi : .... Pression : .... hPa Temps : ....

« Jour de l'An beau, mois d'août très chaud. »

♈ Bélier ♉ Taureau ♊ Gémeaux ♋ Cancer ♌ Lion ♍ Vierge ♎ Balance ♏ Scorpion ♐ Sagittaire ♑ Capricorne ♒ Verseau ♓ Poissons

Date	Lune	Lever coucher	Jour	Zodiaque
Lundi 1er janvier	A à 16 h 28	22 h 47 11 h 50		♌
Mardi 2 janvier		23 h 54 12 h 03		11 h 54 ♍
Mercredi 3 janvier		– 12 h 16		
Jeudi 4 janvier	 à 4 h 31 ND à 19 h 52	1 h 01 12 h 28		
Vendredi 5 janvier		2 h 09 12 h 42		
Samedi 6 janvier		3 h 21 12 h 59		6 h 25 ♎
Dimanche 7 janvier		4 h 37 13 h 21		22 h 19

lune descendante

Travaux au jardin

⚠ Lundi, ne jardinez pas entre 11 h 15 et 21 h 30.

➤ Débutez la taille des fruitiers de plein vent. Coupez les gourmands : éliminez les pousses inutiles pour que la sève approvisionne les boutons floraux. Localisez le point de greffe et éliminez tout ce qui pousse dessous. Supprimez aussi les drageons (rejets du porte-greffe situés sur les racines).

➤ Si le sol est gelé, l'arrachage est impossible. Pour éviter ce problème, étalez une couche de paille ou de feuilles mortes de 10 cm d'épaisseur avant les fortes gelées. Le paillage empêche également les mauvaises herbes de se développer. La corvée du désherbage, qui n'est jamais la partie la plus plaisante du jardinage, est donc réduite à son minimum.
Les végétaux employés en paillis contribuent aussi à fertiliser naturellement le sol. Enfin, la couverture végétale sert également de refuge à de nombreux insectes et micro-organismes qui sont autant de précieux auxiliaires du jardinier.

⚠ Jeudi, ne jardinez plus après 14 h 50.

➤ Dans les régions bénéficiant d'un climat doux et en sol léger, plantez l'ail blanc 'Messidrome' ou 'Thermidrome' ainsi que l'ail violet 'Germidour'. Plantez les plus beaux caïeux d'ail dans un sillon en les espaçant d'environ 20 cm. Recouvrez-les à peine : la pointe doit rester visible. N'arrosez pas. L'ail se récoltera dans le courant du mois de juillet.

➤ Éclaircissez les choux-fleurs qui ont été précédemment semés au chaud. Vous pourrez les repiquer au printemps prochain. Le but du repiquage est d'offrir plus d'espace aux végétaux. Cela renforce les jeunes pousses et favorise le développement de radicelles.
➤ Binez et désherbez les bandes florales qui se trouvent en bordure du potager.

Ne pas oublier : vérifiez l'état des légumes-racines dans la cave ou le cellier.

Date	Notes :	Météo :
Lundi 1er janvier Jour de l'An		Pluie : ...... mm Cumul : ...... mm °C mini : .... °C maxi : .... Pression : .... hPa Temps : ....
Mardi 2 janvier St Basile		Pluie : ...... mm Cumul : ...... mm °C mini : .... °C maxi : .... Pression : .... hPa Temps : ....
Mercredi 3 janvier Ste Geneviève		Pluie : ...... mm Cumul : ...... mm °C mini : .... °C maxi : .... Pression : .... hPa Temps : ....
Jeudi 4 janvier St Odilon		Pluie : ...... mm Cumul : ...... mm °C mini : .... °C maxi : .... Pression : .... hPa Temps : ....
Vendredi 5 janvier St Edouard		Pluie : ...... mm Cumul : ...... mm °C mini : .... °C maxi : .... Pression : .... hPa Temps : ....
Samedi 6 janvier Ste Mélaine		Pluie : ...... mm Cumul : ...... mm °C mini : .... °C maxi : .... Pression : .... hPa Temps : ....
Dimanche 7 janvier Epiphanie		Pluie : ...... mm Cumul : ...... mm °C mini : .... °C maxi : .... Pression : .... hPa Temps : ....

« Janvier pleurant, tout l'an goutant. »

♈ Bélier ♉ Taureau ♊ Gémeaux ♋ Cancer ♌ Lion ♍ Vierge ♎ Balance ♏ Scorpion ♐ Sagittaire ♑ Capricorne ♒ Verseau ♓ Poissons

Date	Lune	Lever / coucher	Jour	Zodiaque	Travaux au jardin
Lundi 8 janvier	lune descendante	5 h 56 / 13 h 51		♏	Forcez les endives : arrachez les plants, laissez ressuyer pour stopper la végétation à l'abri du gel et du soleil. Coupez les feuilles à 3 cm du collet et les racines à 20 cm. Remplissez à moitié une caisse de 30 cm de haut avec un mélange de terreau, de terre ou de tourbe. Disposez les racines en les enfonçant et en les serrant. Complétez le remplissage jusqu'au bord des collets, arrosez, recouvrez d'un plastique noir et mettez en cave (15 à 18 °C).
Mardi 9 janvier	lune descendante	7 h 13 / 14 h 33		21 h 03 ♐	En lune descendante, débutez la taille des fruitiers de plein vent. Coupez les gourmands : éliminez les pousses inutiles pour que la sève approvisionne les boutons floraux. Localisez le point de greffe et éliminez tout ce qui pousse dessous. Supprimez aussi les drageons.
Mercredi 10 janvier	8 h 03 lune montante	8 h 23 / 15 h 33			En lune montante et hors période de gel, prélevez des greffons sur les fruitiers. Coupez des tronçons de 30 cm sur des rameaux de l'année précédente, vigoureux et sains. Rassemblez-les en petits fagots, identifiez soigneusement les variétés, puis mettez-les en jauge, dans une exposition nord, de préférence derrière un mur afin de retarder le bourgeonnement.
Jeudi 11 janvier	● à 12 h 57 — lune montante	9 h 19 / 16 h 50			
Vendredi 12 janvier	lune montante	10 h 00 / 18 h 17		2 h 22 ♑	Sous tunnel ou sous châssis, semez des oignons blancs. Ils feront des petits oignons à confire dans le courant du mois de mars prochain. Vous enlèverez la protection dans environ un mois.
Samedi 13 janvier	P à 11 h 35 — lune montante	10 h 29 / 19 h 47			Dans les régions bénéficiant d'un climat doux, sous châssis, vous pouvez semer des radis 'Gaudry' ou 'Flamboyant 5' mélangés avec des carottes 'Parmex'. ⚠ **Samedi, ne jardinez pas entre 5 h 30 et 16 h 40.**
Dimanche 14 janvier	lune montante	10 h 51 / 21 h 15		22 h 36 ♒	En terrine et au chaud (entre 15 et 18 °C), semez des choux-fleurs 'Nautilus', 'Siria' ou 'Sérac'. Éclaircissez les plants après la levée. Repiquez-les au chaud au mois de février. En avril, vous les planterez sous tunnel pour une récolte prévue entre mai et juillet.

Ne pas oublier : si vous ne l'avez pas encore fait, c'est le moment de porter votre tondeuse et votre motoculteur chez un spécialiste, pour révision et entretien.

Date	Notes :	Météo :
Lundi 8 janvier St Lucien		Pluie : ...... mm Cumul : ...... mm °C mini : .... °C maxi : .... Pression : .... hPa Temps : ....
Mardi 9 janvier Ste Alix		Pluie : ...... mm Cumul : ...... mm °C mini : .... °C maxi : .... Pression : .... hPa Temps : ....
Mercredi 10 janvier St Guillaume		Pluie : ...... mm Cumul : ...... mm °C mini : .... °C maxi : .... Pression : .... hPa Temps : ....
Jeudi 11 janvier Ste Pauline		Pluie : ...... mm Cumul : ...... mm °C mini : .... °C maxi : .... Pression : .... hPa Temps : ....
Vendredi 12 janvier Ste Tatiana		Pluie : ...... mm Cumul : ...... mm °C mini : .... °C maxi : .... Pression : .... hPa Temps : ....
Samedi 13 janvier Ste Yvette		Pluie : ...... mm Cumul : ...... mm °C mini : .... °C maxi : .... Pression : .... hPa Temps : ....
Dimanche 14 janvier Ste Nina		Pluie : ...... mm Cumul : ...... mm °C mini : .... °C maxi : .... Pression : .... hPa Temps : ....

« Orage de janvier présage un mauvais été. »

♈ Bélier ♉ Taureau ♊ Gémeaux ♋ Cancer ♌ Lion ♍ Vierge ♎ Balance ♏ Scorpion ♐ Sagittaire ♑ Capricorne ♒ Verseau ♓ Poissons

Date	Lune	Lever / coucher	Jour	Zodiaque	Travaux au jardin
Lundi 15 janvier	Lune montante	11 h 09 / 22 h 40	Fleur	♒	» Dans les régions bénéficiant d'un climat doux, vous pouvez commencer la récolte des choux-fleurs d'automne. » En cultivant différentes variétés de choux-fleurs, vous pouvez en récolter quasiment toute l'année.
Mardi 16 janvier	Lune montante	11 h 25 / –	Feuille	0 h 04 ♓	» Au chaud (entre 12 et 15 °C), semez des laitues pommées 'Reine de mai', 'Appia' ainsi que des laitues à couper 'Feuille de Chêne' et 'Red Salad Bowl'. Mettez-les en terrine en enterrant peu les graines. Tassez et arrosez. En échelonnant les semis, vous pouvez récolter des laitues toute l'année. Un seul impératif : utiliser des variétés parfaitement adaptées à chaque saison. Dès la germination, prenez la précaution d'éloigner les limaces, aérez souvent les châssis ou les tunnels, maintenez le sol frais et binez au pied des laitues.
Mercredi 17 janvier	NA à 15 h 03	11 h 41 / 0 h 02			⚠ **Mercredi, ne jardinez plus après 10 h.**
Jeudi 18 janvier	Premier quartier à 4 h 52	11 h 58 / 1 h 22	Fruit	8 h 03 ♈	» Plantez les arbres fruitiers à racines nues : creusez les trous, mélangez du compost et de la corne broyée à la terre extraite du trou de plantation, installez le jeune arbre, placez à côté de son tronc un tuteur et rebouchez le trou de plantation en laissant le point de greffe hors de terre. » Semez les pois ronds 'Petit provençal', 'Caractacus' et 'Très hâtif d'Annonay' ainsi que les mange-tout 'Carouby de Maussane' et 'Normand'. » Semez des fèves en les enterrant de 5 cm tous les 10 cm environ, et en lignes distantes d'une quarantaine de centimètres.
Vendredi 19 janvier	Lune montante	12 h 18 / 2 h 43			
Samedi 20 janvier	Lune montante	12 h 42 / 4 h 02	Racine	7 h 13 ♉	» Sous châssis ou sous tunnel, semez des oignons blancs à une distance de 20 cm. Ils feront des petits oignons à confire en mars prochain. » Sauf en terre lourde, vous pouvez semer à 1 ou 2 cm de profondeur des oignons de couleur. Ils seront de taille modeste, mais de meilleure conservation. » L'oignon rouge de Florence peut aussi se semer avec succès. Vous éclaircirez en laissant un plant tous les 20 cm.
Dimanche 21 janvier	Lune montante	13 h 14 / 5 h 20			

Ne pas oublier : si vous nourrissez les oiseaux, faites-le régulièrement.

Date	Notes :	Météo :
Lundi 15 janvier St Rémi		Pluie : ...... mm Cumul : ...... mm °C mini : .... °C maxi : .... Pression : .... hPa Temps : ....
Mardi 16 janvier St Marcel		Pluie : ...... mm Cumul : ...... mm °C mini : .... °C maxi : .... Pression : .... hPa Temps : ....
Mercredi 17 janvier Ste Roseline		Pluie : ...... mm Cumul : ...... mm °C mini : .... °C maxi : .... Pression : .... hPa Temps : ....
Jeudi 18 janvier Ste Prisca		Pluie : ...... mm Cumul : ...... mm °C mini : .... °C maxi : .... Pression : .... hPa Temps : ....
Vendredi 19 janvier St Marius		Pluie : ...... mm Cumul : ...... mm °C mini : .... °C maxi : .... Pression : .... hPa Temps : ....
Samedi 20 janvier St Sébastien		Pluie : ...... mm Cumul : ...... mm °C mini : .... °C maxi : .... Pression : .... hPa Temps : ....
Dimanche 21 janvier Ste Agnès		Pluie : ...... mm Cumul : ...... mm °C mini : .... °C maxi : .... Pression : .... hPa Temps : ....

« Janvier de givre, année de fruits. »

♈ Bélier ♉ Taureau ♊ Gémeaux ♋ Cancer ♌ Lion ♍ Vierge ♎ Balance ♏ Scorpion ♐ Sagittaire ♑ Capricorne ♒ Verseau ♓ Poissons

Date	Lune	Lever / coucher	Jour	Zodiaque	Travaux au jardin
Lundi 22 janvier	▲ L. montante	13 h 57 / 6 h 31		♉	Sous châssis à 15 °C, semez des navets 'Jaune boule d'or'. Aérez souvent et maintenez le sol frais. La récolte est prévue en avril et mai. En climat doux et sous châssis, effectuez un semis de carottes à forcer. Aérez et maintenez le sol frais.
Mardi 23 janvier	▲ 4 h 40 Lune descendante	14 h 51 / 7 h 31		16 h 17 ♊	Binez et désherbez les bandes florales qui sont installées en bordure du potager. Si vous avez semé au chaud des choux-fleurs, éclaircissez-les. Vous les repiquerez au printemps. Il est important de semer la variété qui correspond à la saison. Pour en être sûr, reportez-vous aux conseils mentionnés sur les sachets de graines. Vous pouvez biner vos fèves et les pois semés au cours de l'automne dernier.
Mercredi 24 janvier	▲	15 h 55 / 8 h 18			
Jeudi 25 janvier	▲ ○ à 18 h 53 ▼	17 h 05 / 8 h 54		3 h 29 ♋	Par temps doux, aérez les cultures sous abri : mâche, laitue, épinard. Repiquez les laitues qui ont été précédemment semées au chaud. Attention aux limaces : entourez les plants d'une petite rigole remplie de cendre ou de sciure de bois.
Vendredi 26 janvier	▼	18 h 16 / 9 h 20		18 h 09 ♌	Installez les petits fruits (groseilliers, framboisiers, cassissiers,...) en enterrant leur base pour un meilleur enracinement. Rebouchez, tassez et arrosez. Plantez les arbres fruitiers à racines nues : creusez les trous, mélangez du compost et de la corne broyée à la terre extraite du trou de plantation, installez le jeune arbre, placez à côté de son tronc un tuteur et rebouchez le trou de plantation en laissant les points de greffe hors de terre. Dans le Midi, vous pouvez commencer à semer les tomates sous abri chauffé. Elles pourront être plantées dans le potager vers la fin du mois d'avril. Semez des fèves, à 10 cm de distance, en les enterrant à 5 cm de profondeur.
Samedi 27 janvier	▼	19 h 26 / 9 h 40			
Dimanche 28 janvier	▼	20 h 35 / 9 h 56			

Ne pas oublier : installez des nichoirs bien avant leur éventuelle occupation, avec le trou d'accès orienté à l'est.

Date	Notes :	Météo :
Lundi 22 janvier St Vincent		Pluie : ...... mm Cumul : ...... mm °C mini : .... °C maxi : .... Pression : .... hPa Temps : ....
Mardi 23 janvier St Barnard		Pluie : ...... mm Cumul : ...... mm °C mini : .... °C maxi : .... Pression : .... hPa Temps : ....
Mercredi 24 janvier S^t Fr. de Sales		Pluie : ...... mm Cumul : ...... mm °C mini : .... °C maxi : .... Pression : .... hPa Temps : ....
Jeudi 25 janvier Conv. St Paul		Pluie : ...... mm Cumul : ...... mm °C mini : .... °C maxi : .... Pression : .... hPa Temps : ....
Vendredi 26 janvier Ste Paule		Pluie : ...... mm Cumul : ...... mm °C mini : .... °C maxi : .... Pression : .... hPa Temps : ....
Samedi 27 janvier Ste Angèle		Pluie : ...... mm Cumul : ...... mm °C mini : .... °C maxi : .... Pression : .... hPa Temps : ....
Dimanche 28 janvier St Thomas d'Aquin		Pluie : ...... mm Cumul : ...... mm °C mini : .... °C maxi : .... Pression : .... hPa Temps : ....

« Autant de bonnes journées en janvier, autant de mauvaises en mai. »

♈ Bélier ♉ Taureau ♊ Gémeaux ♋ Cancer ♌ Lion ♍ Vierge ♎ Balance ♏ Scorpion ♐ Sagittaire ♑ Capricorne ♒ Verseau ♓ Poissons

Date	Lune	Lever coucher	Jour	Zodiaque
Lundi 29 janvier	A à 9 h 14	21 h 42 10 h 09		♌
				19 h 23
Mardi 30 janvier		22 h 48 10 h 22		♍
Mercredi 31 janvier	ND à 21 h 17	23 h 55 10 h 34		
Jeudi 1er février	lune descendante	- 10 h 47		
Vendredi 2 février		1 h 04 11 h 02		
				14 h 55
				♎
Samedi 3 février	à 0 h 17	2 h 17 11 h 21		
Dimanche 4 février		3 h 32 11 h 46		
				7 h 46
				♏

Travaux au jardin

⚠ Lundi, ne jardinez pas avant 14 h 15.

- Installez l'ail blanc et l'ail violet de la variété 'Germidour' ainsi que l'échalote pour une récolte prévue au début de l'été.

- Si vous avez semé de l'engrais vert (épinard, moutarde, seigle, phacélie...), c'est le moment de l'enfouir. Fauchez et broyez le seigle avant de l'enfouir. L'engrais vert enrichit et améliore le sol en y apportant des plantes poussées sur place.
- C'est le moment d'incorporer le fumier ou une autre fumure de fond au sol du potager. N'utilisez pas le compost mûr que vous emploierez au fur et à mesure des plantations.

⚠ Mercredi, ne jardinez plus après 16 h 15.

- Installez les échalotes longues 'Mikor', 'Longor' et 'Jermor', en veillant à les espacer de 15 cm. Vous procèderez à leur récolte dans le courant du mois de juillet. D'une manière générale, l'échalote aime une terre fertile, meuble et bien drainée. Craignant l'humidité, son bulbe doit être planté sur un billon (longue butte).
- Dans les régions bénéficiant d'un climat doux, plantez l'ail blanc 'Messidrome' ou 'Thermidrome', l'ail rose 'Fructidor', l'ail violet 'Germidour', sur une parcelle non fumée récemment et en sol léger.

- Repiquez, toujours au chaud, les choux-fleurs semés précédemment. Pour leur repiquage, comptez six semaines après le semis, lorsque les plants arborent quatre ou cinq feuilles. Humidifiez les plants juste avant de les repiquer, jusqu'à la première feuille, afin de favoriser un bon enracinement. Les choux n'aiment pas les terres acides, mais apprécient les terres riches et humifères.

- Repiquez sous châssis les laitues qui ont été précédemment semées au chaud.

Ne pas oublier : s'il ne gèle pas et si la terre n'est pas trop collante, travaillez le sol du potager et épandez du compost.

Date	Notes :	Météo :
Lundi 29 janvier St Gildas		Pluie : ...... mm Cumul : ...... mm °C mini : .... °C maxi : .... Pression : .... hPa Temps : ....
Mardi 30 janvier Ste Martine		Pluie : ...... mm Cumul : ...... mm °C mini : .... °C maxi : .... Pression : .... hPa Temps : ....
Mercredi 31 janvier Ste Marcelle		Pluie : ...... mm Cumul : ...... mm °C mini : .... °C maxi : .... Pression : .... hPa Temps : ....
Jeudi 1er février Ste Ella		Pluie : ...... mm Cumul : ...... mm °C mini : .... °C maxi : .... Pression : .... hPa Temps : ....
Vendredi 2 février Chandeleur		Pluie : ...... mm Cumul : ...... mm °C mini : .... °C maxi : .... Pression : .... hPa Temps : ....
Samedi 3 février St Blaise		Pluie : ...... mm Cumul : ...... mm °C mini : .... °C maxi : .... Pression : .... hPa Temps : ....
Dimanche 4 février Ste Véronique		Pluie : ...... mm Cumul : ...... mm °C mini : .... °C maxi : .... Pression : .... hPa Temps : ....

« Février le plus court des mois est de tous le plus sournois. »

♈ Bélier ♉ Taureau ♊ Gémeaux ♋ Cancer ♌ Lion ♍ Vierge ♎ Balance ♏ Scorpion ♐ Sagittaire ♑ Capricorne ♒ Verseau ♓ Poissons

Date	Lune	Lever coucher	Jour	Zodiaque	Travaux au jardin
Lundi 5 février	l. descendante	4 h 49 12 h 21		♏	Sous châssis, repiquez les laitues. Ce repiquage s'effectue un mois après le semis, lorsque les laitues arborent quatre ou cinq feuilles. Le repiquage renforce les jeunes pousses et favorise le développement de radicelles. N'oubliez pas d'aérer aussi souvent que possible, de préférence en milieu de journée.
Mardi 6 février	18 h 02 lune montante	6 h 02 13 h 11		7 h 33 ♐	En lune descendante, faites des boutures avec des coupes de groseilliers et de cassissiers. En lune montante, au chaud, dans des caissettes remplies d'un mélange léger, semez des aubergines, des piments et des poivrons. Couvrez légèrement les graines, tassez, arrosez et posez une vitre que vous retournerez chaque jour afin d'éviter toute condensation. Également au chaud, semez en terrines des tomates 'Cœur de Bœuf', 'Saint-Pierre', 'Green Zebra' et 'Pyros'. Répartissez bien les graines, couvrez légèrement, tassez et arrosez en fine pluie. Placez vos semis au chaud, à une température de 18 à 20 °C.
Mercredi 7 février	lune montante	7 h 04 14 h 18			
Jeudi 8 février	lune montante	7 h 52 15 h 41		13 h 19 ♑	Semez des oignons de couleurs 'Jaune des Cévennes', 'Rouge de Florence', 'Paille des Vertus' ou 'Espagnol'. La récolte est prévue en été. Sous abri, semez des radis de tous les mois. Semez les variétés rondes en surface et les demi-longues à 3 cm de profondeur. Mélangez ces graines à celles de carottes 'Parmex', 'Touchon' et 'Mignon'. La récolte des radis s'effectuera dans un mois environ. Elle permettra d'éclaircir automatiquement et naturellement les carottes.
Vendredi 9 février	à 23 h 59	8 h 26 17 h 12			
Samedi 10 février	P à 19 h 52	8 h 52 18 h 44		9 h 01 ♒	**Samedi, ne jardinez plus après 14 h 50.** Sous châssis ou tunnel abrité, semez des choux-fleurs en choisissant une variété d'été. Cette culture réussit bien dans les régions qui bénéficient d'un climat frais. Si vous laissez les rayons du soleil atteindre les choux-fleurs, ils vont jaunir. Certes, ils ne deviennent pas mauvais, mais ils perdent leur belle couleur caractéristique. Pour conserver leur blancheur, cassez les feuilles les plus proches du cœur.
Dimanche 11 février		9 h 12 20 h 13			

Ne pas oublier : aérez toutes les cultures protégées par des châssis, des tunnels ou des voiles d'hivernage. Cela limitera la condensation propice au pourrissement.

Date	Notes :	Météo :
Lundi 5 février Ste Agathe		Pluie : ...... mm Cumul : ...... mm °C mini : .... °C maxi : .... Pression : .... hPa Temps : ....
Mardi 6 février St Gaston		Pluie : ...... mm Cumul : ...... mm °C mini : .... °C maxi : .... Pression : .... hPa Temps : ....
Mercredi 7 février Ste Eugénie		Pluie : ...... mm Cumul : ...... mm °C mini : .... °C maxi : .... Pression : .... hPa Temps : ....
Jeudi 8 février Ste Jacqueline		Pluie : ...... mm Cumul : ...... mm °C mini : .... °C maxi : .... Pression : .... hPa Temps : ....
Vendredi 9 février Ste Apolline		Pluie : ...... mm Cumul : ...... mm °C mini : .... °C maxi : .... Pression : .... hPa Temps : ....
Samedi 10 février St Arnaud		Pluie : ...... mm Cumul : ...... mm °C mini : .... °C maxi : .... Pression : .... hPa Temps : ....
Dimanche 11 février N.-D. de Lourdes		Pluie : ...... mm Cumul : ...... mm °C mini : .... °C maxi : .... Pression : .... hPa Temps : ....

« Février trop doux, printemps en courroux. »

♈ Bélier ♉ Taureau ♊ Gémeaux ♋ Cancer ♌ Lion ♍ Vierge ♎ Balance ♏ Scorpion ♐ Sagittaire ♑ Capricorne ♒ Verseau ♓ Poissons

Date	Lune	Lever / coucher	Jour	Zodiaque
Lundi 12 février	Lune montante	9 h 29 / 21 h 40		8 h 18 ♓
Mardi 13 février	NA à 18 h 01	9 h 46 / 23 h 04		
Mercredi 14 février		10 h 03 / –		15 h 06 ♈
Jeudi 15 février		10 h 22 / 0 h 28		
Vendredi 16 février	à 16 h 00	10 h 45 / 1 h 50		13 h 08 ♉
Samedi 17 février		11 h 15 / 3 h 10		
Dimanche 18 février		11 h 54 / 4 h 24		

Travaux au jardin

8 h 18 ♓

- Semez le cresson alénois, très rustique et rapide à pousser.
- En pépinière ou en place, protégé par un voile d'hivernage, semez des laitues à couper, des laitues pommées, des romaines et des batavias.
- Directement en place, semez aussi les épinards 'Viking', 'Galaxy', 'Lagos', 'Junius'. Sous climat sec, ne tardez pas à effectuer ce semis.

⚠ **Mardi, ne jardinez plus après 13 h.**

- Commencez les premiers semis de roquette, qui montent vite en graine lorsqu'il fait un peu chaud.
- En place et en lignes distantes de 20 à 30 cm, semez également le persil et le cerfeuil.

15 h 06 ♈

- Semez les pois ronds 'Petit Provençal', 'Nain Très Hâtif', 'Serpette Améliorée', ainsi que les mange-tout 'Corne de Bélier', 'Bamby', 'Carouby de Maussane'. N'oubliez pas de biner en surface quelques jours après la germination.
- Semez les fèves 'de Séville à longue cosse' en lignes distantes de 30 à 40 cm. Binez quelques jours après la levée.

13 h 08 ♉

- Semez des radis 'Flamboyant', 'National' ou 'Pernot' en pleine terre en les protégeant si cela s'avère nécessaire. N'installez jamais les radis à proximité des choux car ces deux légumes ont besoin des mêmes nutriments. Si votre potager est petit, plantez les radis dans les rangées de carottes ou de laitues. Les radis poussent plus vite que les carottes qui sont assez lentes à germer. Ils protègent aussi les laitues des insectes nuisibles.
- Au chaud (20 à 25 °C), en caissette, dans un mélange léger, semez le céleri-rave. Couvrez légèrement les graines, tassez et maintenez humide. Pour réussir ce semis, le terreau doit rester constamment humide : couvrez-le de plusieurs feuilles de papier journal humidifiées.

Ne pas oublier : évitez d'épuiser le sol en favorisant la rotation des cultures..

Date	Notes :	Météo :
Lundi 12 février St Félix		Pluie : ...... mm Cumul : ...... mm °C mini : .... °C maxi : .... Pression : .... hPa Temps : ....
Mardi 13 février Mardi gras		Pluie : ...... mm Cumul : ...... mm °C mini : .... °C maxi : .... Pression : .... hPa Temps : ....
Mercredi 14 février Cendres		Pluie : ...... mm Cumul : ...... mm °C mini : .... °C maxi : .... Pression : .... hPa Temps : ....
Jeudi 15 février St Claude		Pluie : ...... mm Cumul : ...... mm °C mini : .... °C maxi : .... Pression : .... hPa Temps : ....
Vendredi 16 février Ste Julienne		Pluie : ...... mm Cumul : ...... mm °C mini : .... °C maxi : .... Pression : .... hPa Temps : ....
Samedi 17 février St Alexis		Pluie : ...... mm Cumul : ...... mm °C mini : .... °C maxi : .... Pression : .... hPa Temps : ....
Dimanche 18 février Ste Bernadette		Pluie : ...... mm Cumul : ...... mm °C mini : .... °C maxi : .... Pression : .... hPa Temps : ....

« Pluie de février emplit les greniers. »

♈ Bélier ♉ Taureau ♊ Gémeaux ♋ Cancer ♌ Lion ♍ Vierge ♎ Balance ♏ Scorpion ♐ Sagittaire ♑ Capricorne ♒ Verseau ♓ Poissons

Date	Lune	Lever / coucher	Jour	Zodiaque	Travaux au jardin
Lundi 19 février	L. m. 9h40	12 h 44 / 5 h 28		♉	Sous abri, semez des carottes grelots à éclaircir début mars. En pépinière, semez vos poireaux d'été.
Mardi 20 février	lune descendante	13 h 45 / 6 h 19		21 h 57 ♊	Après les grands froids, retirez les protections des artichauts. Si une nouvelle vague de froid survenait, vous pourrez les repailler. Vous pouvez aussi commencer à les œilletonner. Dégagez tout d'abord un peu de terre tout autour de la souche afin de repérer les plus beaux œilletons. À l'aide d'un outil tranchant, détachez le rejet du pied mère en effectuant une coupe franche et nette.
Mercredi 21 février	lune descendante	14 h 54 / 6 h 57		9 h 28 ♋	Repiquez les batavias, les laitues et les choux cabus précédemment semés sous un tunnel ou dans un châssis. N'oubliez pas d'effectuer une bonne aération, aussi souvent que possible, à la mi-journée. Divisez les souches de rhubarbe. Pour protéger vos plants des limaces, entourez-les de sciure de bois ou de cendres.
Jeudi 22 février	lune descendante	16 h 04 / 7 h 25			
Vendredi 23 février	lune descendante	17 h 15 / 7 h 46		0 h 28 ♌	Avec une brosse en chiendent, enlevez les mousses et les lichens des troncs des arbres fruitiers. Taillez les buissons des petits fruits ainsi que la vigne. Lors d'une journée sans pluie, lorsque les bourgeons commencent à gonfler, vaporisez de la bouillie bordelaise sur les troncs, les charpentes, les jeunes branches et les pousses. S'il ne gèle pas, taillez les fruitiers palissés, les cordons et les petites formes libres à trois yeux pour favoriser la fructification. Vous pouvez intervenir sur les poiriers, les pommiers, les abricotiers et les pêchers. Faites des boutures avec les coupes des groseilliers et des cassissiers. **Dimanche, ne jardinez pas entre 10 h 55 et 20 h 55.**
Samedi 24 février	○ à 13 h 30	18 h 24 / 8 h 03			
Dimanche 25 février	A à 15 h 58	19 h 31 / 8 h 17			

Ne pas oublier : vous avez des caissettes de semis dehors ? Couvrez-les d'un filet à larges mailles pour les protéger des oiseaux.

Date	Notes :	Météo :
Lundi 19 février St Gabin		Pluie : ...... mm Cumul : ...... mm °C mini : .... °C maxi : .... Pression : .... hPa Temps : ....
Mardi 20 février Ste Aimée		Pluie : ...... mm Cumul : ...... mm °C mini : .... °C maxi : .... Pression : .... hPa Temps : ....
Mercredi 21 février St Pierre-Damien		Pluie : ...... mm Cumul : ...... mm °C mini : .... °C maxi : .... Pression : .... hPa Temps : ....
Jeudi 22 février Ste Isabelle		Pluie : ...... mm Cumul : ...... mm °C mini : .... °C maxi : .... Pression : .... hPa Temps : ....
Vendredi 23 février St Lazare		Pluie : ...... mm Cumul : ...... mm °C mini : .... °C maxi : .... Pression : .... hPa Temps : ....
Samedi 24 février St Modeste		Pluie : ...... mm Cumul : ...... mm °C mini : .... °C maxi : .... Pression : .... hPa Temps : ....
Dimanche 25 février St Roméo		Pluie : ...... mm Cumul : ...... mm °C mini : .... °C maxi : .... Pression : .... hPa Temps : ....

« Quand février commence en lion, il finit comme un mouton. »

♈ Bélier ♉ Taureau ♊ Gémeaux ♋ Cancer ♌ Lion ♍ Vierge ♎ Balance ♏ Scorpion ♐ Sagittaire ♑ Capricorne ♒ Verseau ♓ Poissons

Date	Lune	Lever coucher	Jour	Zodiaque
Lundi 26 février	Lune descendante	20 h 38 / 8 h 29		1 h 55 ♍
Mardi 27 février	ND à 23 h 53	21 h 45 / 8 h 41		
Mercredi 28 février		22 h 53 / 8 h 54		
Jeudi 29 février		- / 9 h 08		21 h 47 ♎
Vendredi 1er mars		0 h 04 / 9 h 25		
Samedi 2 mars		1 h 17 / 9 h 46		15 h 21 ♏
Dimanche 3 mars	à 16 h 23	2 h 32 / 10 h 16		

Travaux au jardin

- En sol non fumé récemment, plantez les échalotes 'Longor', 'Jermor' et 'Mikor'. Espacez les sillons de 20 à 30 cm et les caïeux d'environ 15 cm. Enterrez peu les pointes et n'arrosez pas. Binez et désherbez jusqu'au moment de la récolte prévue au mois de juillet.

⚠ **Mardi, ne jardinez plus après 18 h 50.**

- Plantez l'ail rose 'Cledor', 'Printanor' et 'Flavor' en conservant les gousses du tour des têtes. Rebouchez les sillons en recouvrant peu les caïeux.
- Éclaircissez les navets semés au début du mois de janvier.
- Plantez l'oignon blanc, de préférence sur des billons (petites buttes) qui permettent un bon drainage en cas d'humidité. Effectuez une plantation tous les 10 cm, sur des lignes distantes de 25 cm. En dehors du Midi, ne choisissez que des variétés rustiques telles que 'Hâtif de Paris' et 'Très Hâtif de Vaugirard'.

- Vérifiez le paillis autour des pieds des artichauts. S'il présente des signes de pourriture, renouvelez-le.
- Après les grands froids, retirez les protections des artichauts. Multipliez les artichauts par œilletonnage : prélevez les jeunes pousses (les œilletons) se trouvant à la base de ce délicieux légume-fleur. Choisissez les plus beaux d'entre eux ayant des petites racines bien développées. Habillez ces rejets en coupant l'extrémité des feuilles et replantez les boutures d'artichauts.

- Repiquez les laitues, les batavias et les choux cabus précédemment semés sous tunnel ou sous châssis. Attention aux limaces : entourez vos plants d'une petite rigole remplie de cendres ou de sciure de bois.
- Divisez les souches de vos rhubarbes.

Ne pas oublier : ne mettez pas vos déchets dans votre compost mûr ou demi-mûr de l'an passé. Commencez plutôt un nouveau compost.

Date	Notes :	Météo :
Lundi 26 février St Nestor		Pluie : ...... mm Cumul : ...... mm °C mini : .... °C maxi : .... Pression : .... hPa Temps : ....
Mardi 27 février Ste Honorine		Pluie : ...... mm Cumul : ...... mm °C mini : .... °C maxi : .... Pression : .... hPa Temps : ....
Mercredi 28 février St Romain		Pluie : ...... mm Cumul : ...... mm °C mini : .... °C maxi : .... Pression : .... hPa Temps : ....
Jeudi 29 février St Auguste		Pluie : ...... mm Cumul : ...... mm °C mini : .... °C maxi : .... Pression : .... hPa Temps : ....
Vendredi 1er mars St Aubin		Pluie : ...... mm Cumul : ...... mm °C mini : .... °C maxi : .... Pression : .... hPa Temps : ....
Samedi 2 mars St Charles le Bon		Pluie : ...... mm Cumul : ...... mm °C mini : .... °C maxi : .... Pression : .... hPa Temps : ....
Dimanche 3 mars St Guénolé		Pluie : ...... mm Cumul : ...... mm °C mini : .... °C maxi : .... Pression : .... hPa Temps : ....

« Février neigeux, été venteux. »

Calendrier 2024

Janvier

1	L	Jour de l'An	1
2	M	Basile	
3	M	Geneviève	
4	J	Odilon	
5	V	Édouard	
6	S	Mélaine	
7	D	Épiphanie	
8	L	Lucien	2
9	M	Alix	
10	M	Guillaume	
11	J	Pauline	
12	V	Tatiana	
13	S	Yvette	
14	D	Nina	
15	L	Rémi	3
16	M	Marcel	
17	M	Roseline	
18	J	Prisca	
19	V	Marius	
20	S	Sébastien	
21	D	Agnès	
22	L	Vincent	4
23	M	Barnard	
24	M	Fr. de Sales	
25	J	Conv. St Paul	
26	V	Paule	
27	S	Angèle	
28	D	Th. d'Aquin	
29	L	Gildas	5
30	M	Martine	
31	M	Marcelle	

Février

1	J	Ella	
2	V	Chandeleur	
3	S	Blaise	
4	D	Véronique	
5	L	Agathe	6
6	M	Gaston	
7	M	Eugénie	
8	J	Jacqueline	
9	V	Apolline	
10	S	Arnaud	
11	D	N.-D. de Lourd.	
12	L	Félix	7
13	M	Mardi gras	
14	M	Cendres	
15	J	Claude	
16	V	Julienne	
17	S	Alexis	
18	D	Bernadette	
19	L	Gabin	8
20	M	Aimée	
21	M	Pierre-Damien	
22	J	Isabelle	
23	V	Lazare	
24	S	Modeste	
25	D	Roméo	
26	L	Nestor	9
27	M	Honorine	
28	M	Romain	
29	J	Auguste	

Mars

1	V	Aubin	
2	S	Charles le Bon	
3	D	Guénolé	
4	L	Casimir	10
5	M	Olive	
6	M	Colette	
7	J	Félicité	
8	V	Jean de Dieu	
9	S	Françoise	
10	D	Vivien	
11	L	Rosine	11
12	M	Justine	
13	M	Rodrigue	
14	J	Mathilde	
15	V	Louise	
16	S	Bénédicte	
17	D	Patrice	
18	L	Cyrille	12
19	M	Joseph	
20	M	PRINTEMPS	
21	J	Clémence	
22	V	Léa	
23	S	Victorien	
24	D	Rameaux	
25	L	Annonciation	
26	M	Larissa	13
27	M	Habib	
28	J	Gontran	
29	V	Vendredi saint	
30	S	Amédée	
31	D	Pâques	

Avril

1	L	L. de Pâques	14
2	M	Sandrine	
3	M	Richard	
4	J	Isidore	
5	V	Irène	
6	S	Marcellin	
7	D	J.-B. de la Salle	
8	L	Julie	15
9	M	Gautier	
10	M	Fulbert	
11	J	Stanislas	
12	V	Jules	
13	S	Ida	
14	D	Maxime	
15	L	Paterne	16
16	M	Benoît-Joseph	
17	M	Anicet	
18	J	Parfait	
19	V	Emma	
20	S	Odette	
21	D	Anselme	
22	L	Alexandre	17
23	M	Georges	
24	M	Fidèle	
25	J	Marc	
26	V	Alida	
27	S	Zita	
28	D	Valérie	
29	L	Cath. de Sienne	
30	M	Robert	18

Mai

1	M	Fête du Travail	
2	J	Boris	
3	V	Phil., Jacq.	
4	S	Sylvain	
5	D	Judith	
6	L	Prudence	19
7	M	Gisèle	
8	M	Victoire 1945	
9	J	Ascension	
10	V	Solange	
11	S	Estelle	
12	D	Achille	
13	L	Rolande	20
14	M	Matthias	
15	M	Denise	
16	J	Honoré	
17	V	Pascal	
18	S	Éric	
19	D	Pentecôte	
20	L	L. de Pent.	21
21	M	Constantin	
22	M	Émile	
23	J	Didier	
24	V	Donatien	
25	S	Sophie	
26	D	Fête des Mères	
27	L	Augustin	22
28	M	Germain	
29	M	Aymard	
30	J	Ferdinand	
31	V	Visitation	

Juin

1	S	Justin	
2	D	Blandine	
3	L	Kévin	23
4	M	Clotilde	
5	M	Igor	
6	J	Norbert	
7	V	Gilbert	
8	S	Médard	
9	D	Diane	
10	L	Landry	24
11	M	Barnabé	
12	M	Guy	
13	J	Antoine de P.	
14	V	Élisée	
15	S	Germaine	
16	D	Fête des Pères	
17	L	Hervé	25
18	M	Léonce	
19	M	Romuald	
20	J	ÉTÉ	
21	V	Gonzague	
22	S	Alban	
23	D	Audrey	
24	L	Jean-Baptiste	26
25	M	Prosper	
26	M	Anthelme	
27	J	Fernand	
28	V	Irénée	
29	S	Pierre, Paul	
30	D	Martial	

Juillet

1	L	Thierry	27
2	M	Martinien	
3	M	Thomas	
4	J	Florent	
5	V	Antoine	
6	S	Mariette	
7	D	Raoul	
8	L	Thibault	28
9	M	Amandine	
10	M	Ulrich	
11	J	Benoît	
12	V	Olivier	
13	S	Henri, Joël	
14	D	Fête nationale	
15	L	Donald	29
16	M	N.-D. Mt-Carmel	
17	M	Charlotte	
18	J	Frédéric	
19	V	Arsène	
20	S	Marina	
21	D	Victor	
22	L	Marie-Madeleine	
23	M	Brigitte	30
24	M	Christine	
25	J	Jacques	
26	V	Anne, Joachim	
27	S	Nathalie	
28	D	Samson	
29	L	Marthe	31
30	M	Juliette	
31	M	I. de Loyola	

Août

1	J	Alphonse	
2	V	Julien-Eymard	
3	S	Lydie	
4	D	J.-M. Vianney	
5	L	Abel	32
6	M	Transfiguration	
7	M	Gaétan	
8	J	Dominique	
9	V	Amour	
10	S	Laurent	
11	D	Claire	
12	L	Clarisse	33
13	M	Hippolyte	
14	M	Évrard	
15	J	Assomption	
16	V	Armel	
17	S	Hyacinthe	
18	D	Hélène	
19	L	Jean-Eudes	34
20	M	Bernard	
21	M	Christophe	
22	J	Fabrice	
23	V	Rose de Lima	
24	S	Barthélemy	
25	D	Louis	
26	L	Natacha	35
27	M	Monique	
28	M	Augustin	
29	J	Sabine	
30	V	Fiacre	
31	S	Aristide	

Septembre

1	D	Gilles	
2	L	Ingrid	36
3	M	Grégoire	
4	M	Rosalie	
5	J	Raïssa	
6	V	Bertrand	
7	S	Reine	
8	D	Adrien	
9	L	Alain	37
10	M	Inès	
11	M	Adelphe	
12	J	Apollinaire	
13	V	Aimé	
14	S	Materne	
15	D	Roland	
16	L	Édith	38
17	M	Renaud	
18	M	Nadège	
19	J	Émilie	
20	V	Davy	
21	S	Matthieu	
22	D	AUTOMNE	
23	L	Constant	39
24	M	Thècle	
25	M	Hermann	
26	J	Côme, Damien	
27	V	Vincent de P.	
28	S	Venceslas	
29	D	Michel	
30	L	Jérôme	40

Octobre

1	M	Thér. de l'Enf.	
2	M	Léger	
3	J	Gérard	
4	V	Fr. d'Assise	
5	S	Fleur	
6	D	Bruno	
7	L	Serge	41
8	M	Pélagie	
9	M	Denis	
10	J	Ghislain	
11	V	Firmin	
12	S	Wilfried	
13	D	Géraud	
14	L	Juste	42
15	M	Thér. d'Avila	
16	M	Edwige	
17	J	Baudouin	
18	V	Luc	
19	S	René	
20	D	Adeline	
21	L	Céline	43
22	M	Élodie	
23	M	Jean de Capist.	
24	J	Florentin	
25	V	Crépin	
26	S	Dimitri	
27	D	Émeline	
28	L	Simon, Jude	44
29	M	Narcisse	
30	M	Bienvenu	
31	J	Quentin	

Novembre

1	V	Toussaint	
2	S	Défunts	
3	D	Hubert	
4	L	Charles	45
5	M	Sylvie	
6	M	Bertille	
7	J	Carine	
8	V	Geoffroy	
9	D	Théodore	
10	D	Léon	
11	L	Armistice 1918	
12	M	Christian	46
13	M	Brice	
14	J	Sidoine	
15	V	Albert	
16	S	Marguerite	
17	D	Élisabeth	
18	L	Aude	47
19	M	Tanguy	
20	M	Edmond	
21	J	Prés. Marie	
22	V	Cécile	
23	S	Clément	
24	D	Flora	
25	L	Catherine	48
26	M	Delphine	
27	M	Séverin	
28	J	Jacq. de la M.	
29	V	Saturnin	
30	S	André	

Décembre

1	D	Florence	
2	L	Viviane	49
3	M	Fr.-Xavier	
4	M	Barbara	
5	J	Gérald	
6	V	Nicolas	
7	S	Ambroise	
8	D	Im. Concep.	
9	L	Pierre Fourier	50
10	M	Romaric	
11	M	Daniel	
12	J	J.-F. de Chantal	
13	V	Lucie	
14	S	Odile	
15	D	Ninon	
16	L	Alice	51
17	M	Gaël	
18	M	Gatien	
19	J	Urbain	
20	V	Théophile	
21	S	HIVER	
22	D	Fr.-Xavière	
23	L	Armand	52
24	M	Adèle	
25	M	Noël	
26	J	Étienne	
27	V	Jean	
28	D	Innocents	
29	D	David	
30	L	Roger	53
31	M	Sylvestre	